Rolf Nobel

Mitten durch Deutschland

Reportage einer Grenzfahrt

Rasch und Röhring Verlag

Mein ganz besonderer Dank gilt dem Gestalter dieses Buches, Peter Albers. Ihm, der schon einige Jahre vor mir diese Grenzlandtour mit dem Fahrrad unternahm, verdanke ich neben der Idee für das Buch auch Hilfe bei der Realisation, viele wichtige Hinweise und nicht zuletzt zahlreiche Fotos.

Fotos: Rolf Nobel, Peter Albers,
Manfred Scharnberg/NORDLICHT (S. 92 u., S. 100, S. 101 o., S. 102/103 Mitte, S. 102 u. li., S. 104 o.)

CIP-Kurztitelaufnahme der Deutschen Bibliothek

Nobel, Rolf:
Mitten durch Deutschland: Reportage e. Grenzfahrt/
Rolf Nobel. – Hamburg; Zürich: Rasch und Röhring,
1986.
ISBN 3-89136-104-1

Lektorat: Doris Brohn
Einbandgestaltung: Studio Reisenberger
Satzherstellung: Utesch Satztechnik, Hamburg
Druck- und Bindearbeiten: Franz Spiegel Buch GmbH, Ulm
Printed in Germany

Inhalt

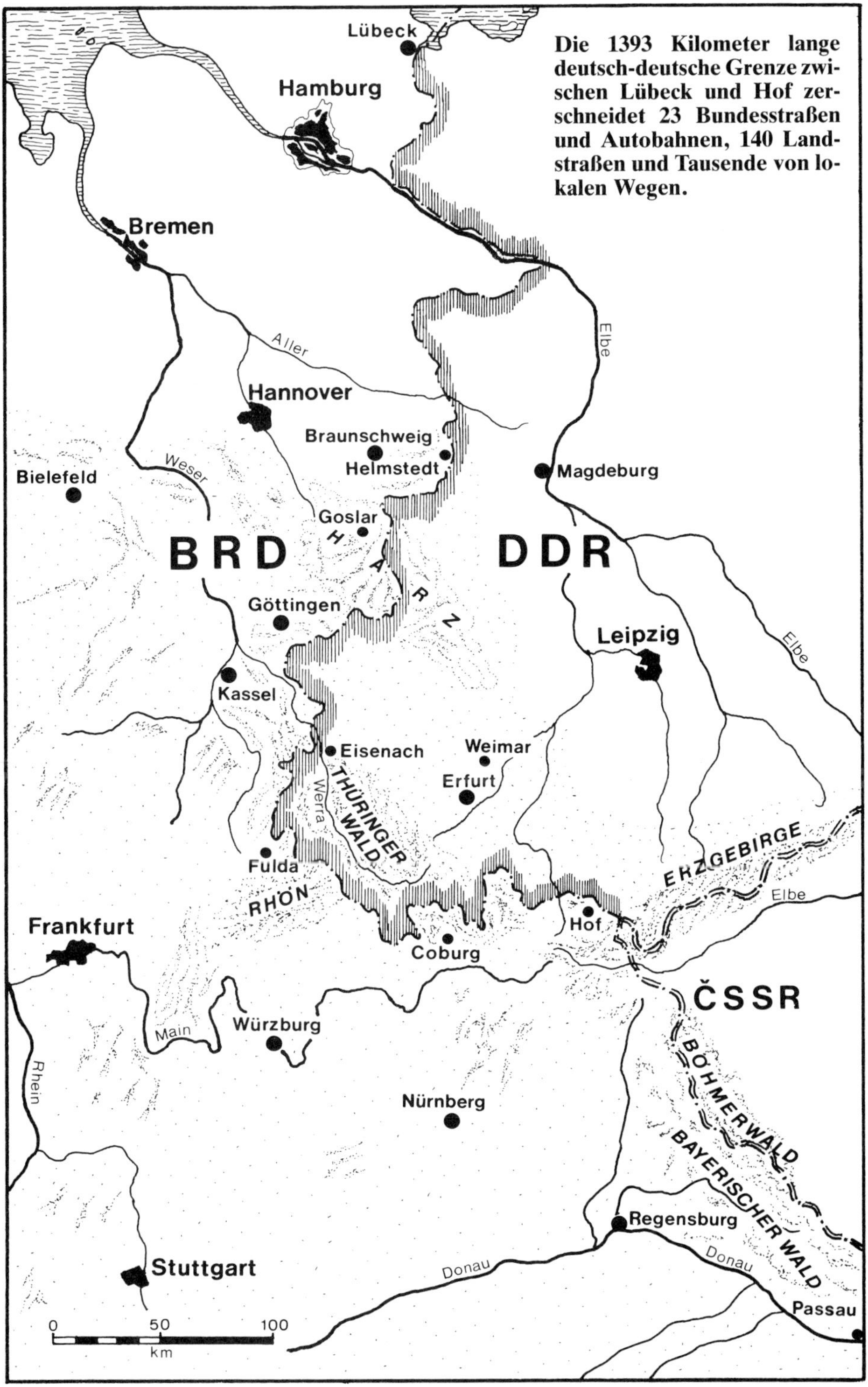

Die 1393 Kilometer lange deutsch-deutsche Grenze zwischen Lübeck und Hof zerschneidet 23 Bundesstraßen und Autobahnen, 140 Landstraßen und Tausende von lokalen Wegen.

Von Priwall nach Lübeck

Der Ostseestrand hinter der rotweißgestreiften Barriere ist nicht wie andere Strände, er ist etwas Besonderes. Er ist nicht so breit wie der an der polnischen Ostseeküste, nicht so weiß wie der in der Karibik, nicht so lang wie der in Brasilien. An ihm bricht sich weder rauschende Brandung, noch versteckt sich in ihm goldgelber Bernstein. Er wirkt einfach absurd. Einige hundert Meter gehört dieser Strand zur Bundesrepublik, nur ein schmaler Sandstreifen, drei, vier Badelaken breit, aber einige hundert Meter lang. Wo das Grün diesen schmalen Sandstreifen begrenzt, beginnt die DDR. »Halt! Hier Grenze!«–Schilder werfen ihre Schatten auf bräunende Bikinimädchen, buddelnde Kinder, herumalbernde Picknickrunden. Im Schatten einer Liege nehmen zwei dekorative Zwerghunde keine Notiz von dem Altdeutschen Schäferhund, der an der Leine eines westdeutschen Zöllners Patrouille läuft. In voller Montur – Jacke, Mütze, Funksprechgerät – stapft der Beamte in der Gluthitze den Strand entlang, so passend wie ein Eisbär auf Ibiza. Doch keiner der Wochenendurlauber

achtet darauf. Der Grenzstrand ist für die meisten routinemäßige Erholung, die Dauergäste auf Priwall lassen sich durch Ungereimtheiten nicht irritieren.
Auf meiner Karte teilt eine rotgestrichelte Linie Priwall und das restliche Deutschland. Alles links von der Linie ist grellfarbig bunt, ein Wirrwarr aus Straßen, Orten, Berghöhen, Flüssen, Eisenbahnlinien, Sehenswürdigkeiten. Detailliert bis ins kleinste Kuhdorf. Die rechte Seite scheint für Kartographen dagegen noch ein weißer Fleck zu sein, unbekanntes Land. Warum sonst führen durch den Kartenteil jenseits der Strichellinie nur wenige Straßen, gibt es dort laut Karte weder Dörfer noch Orte. Lediglich Städte sind eingezeichnet.
Die Strichellinie trennt aber nicht nur Länder. Sie trennt auch zwei gegensätzliche Welten, trennt Nato und Warschauer Pakt, EG und Comecon, Mark und D-Mark, Mercedes und Wartburg, Aldi und HO, Leder und Sky, Lewis und JuMo-Jeans.
»Die Grenzaufklärer von drüben kommen manchmal bis an die Schilder«, weiß einer aus einer heiteren Urlauberclique, die es sich mit Bierkasten, Radio, Decken und Picknickkorb am Schild »Halt! Hier Grenze« gemütlich gemacht hat. Einladend streckt er mir eine Flasche Bier entgegen. »Ich hab' mal ein Foto von denen gemacht«, sagt er stolz. Das »Hamburg-Mannheimer« auf dem T-Shirt weist ihn als Versicherungsangestellten aus. »Mein Foto haben sie sogar in den ›Lübecker Nachrichten‹ abgedruckt.«
Die beiden Grenzsoldaten, die »kurz hinter den Surfbrettern plötzlich aus dem Gebüsch lugten« und die »unser Mann von der Hamburg-Mannheimer« reaktionsschnell auf Colorfilm bannte, gehören zu einer Spezialtruppe sogenannter »Grenzaufklärer«. Den über 200 an der »Staatsgrenze West« stationierten DDR-Grenzkompanien sind

etwa 1500 dieser Grenzaufklärer zugeteilt. Ausgerüstet mit Kalaschnikow-Schnellfeuergewehr, Pistole und, je nach Notwendigkeit, Infrarot-Nachtsichtgerät, Fotoapparat, Recorder mit Richtmikrofon oder Funksprechgerät gehen sie nur zu zweit auf Streife. Einer paßt auf den anderen auf. Laut DDR-Soldatenzeitung »Volksarmee« unterziehen sich die im Nahkampf ausgebildeten Grenzaufklärer, von denen ständige Wachsamkeit im Dienst am Zaun verlangt wird, tagtäglich der »härtesten Prüfung eines Menschen«. »Keine Stunde ist unsere Grenze mit Halbheiten zu schützen«, heißt es weiter, »sie verlangt den ganzen Soldaten.«
Auf der nordwestlichen Seite Priwalls, wo mein Fahrrad trotz großer Kraftanstrengung im feinen Sand des FKK-Strandes steckenbleibt, stakst die rotgestrichelte Linie der Landkarte als schwarzbrauner Grenzzaun auf schiefen Pfählen ungelenk aus der Ostsee, windet sich trockenen Fußes über Hügel und Äcker, kratzt ein wenig an Lübeck und markiert mitten durch Deutschland meine weitere Reiseroute, ehe er irgendwo hinter Hof von der tschechischen Grenzbefestigung abgelöst wird.
Priwall hängt als Wurmfortsatz am Festland DDR. Ausladend streckt die Halbinsel dem gegenüberliegenden Travemünde seine Breitseite entgegen. Nach hinten verjüngt sich Priwall zu einem wenige Meter schmalen Hals und plustert sich anschließend zum Festland in Richtung Pötenitz (DDR) wieder auf. An der Landenge ist Schluß mit der Ferieninsel. Grenzzaun. Sperrgebiet. Dort gehört der Strand ausschließlich den Möwen. Solch einen Strand besaß nicht einmal Robinson Crusoe auf seiner einsamen Insel vor der Mündung des Orinoko, so jungfräulich. Vor dem Zaun der krasse Gegensatz. Nackte Körper, wohin man schaut, Lübecks FKK-Strand.
Auf der nordwestlichen Hälfte Priwalls, der man mit ei-

nem Deich den Ausblick auf den FKK-Strand verwehrt hat, wütet der Bauboom. Ich schiebe das Fahrrad durch ein Labyrinth von winzigkleinen Wochenendhäusern, aufgemotzte Schrebergartenbuden, in deren Konstruktionen sich tausendjährige Architekturgeschichte hinter Hecken und Zäunen ungezügelt austobt. Die Schrebergarten-Baumeister haben überall Anleihen gemacht. Spanischer Hazienda-Stil in geschlemmtem Klinker, daneben stilisierte Backstein-Gotik und Blockhaus-Ranch Marke »Bonanza«. Fliesen und Waschbetonplatten ebnen das Terrain für Grillfeten und Terrassenpartys. Selbst dort, wo die Schrebergärtner dem Mutterboden Luft gelassen haben, sprießen weder Bohnen, Blumenkohl noch Erdbeeren. Auch unplanierter Boden ist durchgestaltet: mit Springbrunnen, Gartenzwergen, Wagenrädern, Zierteichen, Steingärten, Kunststoffputten. Was das Gartencenter zu bieten hat, ziert die Grundstücke. Kleingärtners Antwort auf Disneyland.

Trubel und Alltagshektik ergreifen die Wochenendler schon wieder auf ihrem Rückweg nach Hause. Auf der Priwall-Fähre quetsche ich mich zwischen das Gedränge ihrer Autos. Auf der Bundesstraße, die ich ein paar Kilometer Richtung Hamburg fahre, schlägt mir der Verkehr entgegen wie eine Flutwelle, mit Brechern aus donnernden Lastzügen und Wogen vorbeiheulender Personenwagen. In dem Sturm der Straße bin ich auf meinem Fahrrad wie Strandgut. Hinter der Herrenbrücke endlich, biege ich Richtung Schlutup ab, nur weg von Urlaubers Pilgerwegen.

Die dörfliche Ruhe, die dann folgt, ist laut Transparenten und Wandmalereien auch nur eine trügerische: »Weg mit der Giftmülldeponie!« steht drauf und: »Wir wollen nicht vergiftet werden!« Gemeint ist die Sondermülldeponie Schönberg in der DDR, sechs Kilometer hinterm Grenz-

Wegen der nahen Giftmülldeponie in Schönberg (DDR) ist die scheinbare Idylle im dörflichen Schlutup trügerisch.

Eine ausgelassene Urlauberclique am Strand von Priwall. Nur ein paar Meter hinter ihrem Lagerplatz verläuft die Grenze.

zaun, zu der offenbar gerade der Konvoi Müllwagen will, der mich überholt, während eine Leckspur stinkenden Ausflusses die Fahrtroute auf die Straße zeichnet. An manchen Tagen rollen zweihundert Müllaster durch Schlutup in die DDR. Gegen die begehrten Devisen lassen sich die Schönberger im Rahmen grenzüberschreitender Entsorgung den giftigen Müll des Klassenfeindes hinkippen. Dabei handelt es sich hauptsächlich um schadstoffreichen Abfall, der bei uns wegen der Umweltgefahren nur an wenigen Plätzen untergebracht werden kann. »Es ist heute leichter, gefährlichen PCB-haltigen Giftmüll nach drüben zu schaffen«, behauptet ein junger Mann, an dessen Haus in Schlutup eines der Protest-Transparente hängt, »als ohne Ärger eine westdeutsche Zeitung mit rüber zu kriegen.« Der Abfalltourismus in die DDR, der aus Schönberg den Darmausgang der Bundesrepublik machte, verschaffte unseren Politikern jahrelang ein reines Gewissen. Doch ist das mittlerweile angeknackst. Es mehren sich die Stimmen, die vor einer Vergiftung des Grundwassers auch auf dieser Seite der Grenze warnen. Der Fuß des »Mount Klamott« (DDR-Jargon) ist quellenreich, und alle Gewässer fließen in Lübecker Gebiet.

Am Abend im Gasthof »Schlutuper Tannen« schmerzen nach den ersten dreißig Fahrradkilometern Oberschenkel und Hintern. Ich habe »Sitzbeschwerden«, wie es die Radsportler dezent ausdrücken. Ein Fahrrad habe ich schon seit Jahren, mehr als ein paar Stadtkilometer sind ihm aber nie unter die Räder gekommen. Als ich meinen Freunden von der geplanten Fahrradreise erzählt habe, mußte ich deshalb jede Menge gutgemeinter Ratschläge anhören. Einer von ihnen, Mitglied in einem Radclub, überschüttete mich mit Hinweisen wie: »Training, du brauchst Training.« Aber warum sollte ich mir den unvermeidlichen wunden Hintern schon in Hamburg holen? Als er mein Rad sah, schüttelte er mitleidig den Kopf: »Damit willst du fahren?« Das Fahrrad sei für die geplante Tour völlig ungeeignet, »mit dem Sattel holst du dir einen wunden Arsch, der Gepäckträger ist nicht stabil genug, die Zahnräder nur an drei Punkten befestigt«, nörgelte er. Er, der Routinier, malte meine bevorstehenden Probleme in düsteren Farben aus: Harzstraßen wuchsen zu Alpenpässen, Regengüsse schwollen zu Monsunwassern an, Landstraßen verwandelten sich in Schotterpisten. Nach seiner Schilderung verlangte meine Tour einen Abenteurer vom Schlage Amundsens auf dem Sattel. »Fehlt nur noch, daß du mir einen Survival-Kurs bei Rüdiger Nehberg empfiehlst«, verspottete ich ihn damals.

Nun liegt mein wundes Hinterteil auf einer durchgelegenen dreiteiligen Matratze. Unzählige von ihrer Tagestour ermüdete Handelsvertreter müssen die Kuhle mit den Jahrzehnten hineingewühlt haben, während sie sich in unruhigem Schlaf, gepeinigt von schlechten Geschäftsabschlüssen, von einer Seite auf die andere drehten. Jetzt ist die Kuhle so tief, daß ich in Seitenlage gerade eben über die Matratzenkante blicken kann. Unten im Saal spielt eine Band Schlager und Poprock. Laut Plakat am Tresen ist es die »Hauskapelle« des Lokals. »Marina, Marina, Marina . . .«, dröhnt es hinauf. Ich bin viel zu kaputt, um noch runterzugehen und der Kapelle zuzuhören. Schlafen kann ich auch nicht. Das Stampfen des Schlagzeugs und das Brummen der Baßgitarre vibrieren im Federrahmen des Bettgestells.

Endlich bin ich unterwegs. Vor vielen Wochen schon war der Plan gefaßt worden: mit dem Fahrrad an der deutsch-deutschen Grenze entlang. Von Priwall im Norden bis Hof im Süden. Ohne feste Etappen, ohne sportlichen Ehrgeiz. Keine athletischen Höchstleistungen wollte ich erzielen,

Die Sehnsucht nach einer paradiesischen Landschaft malte sich der Besitzer eines Schlutuper Eigenheimes auf die Garagentür. Einen Steinwurf von seinem Haus entfernt trennt Stacheldraht Wald und Wiese.

sondern Einblicke gewinnen. Mein Interesse gilt dem Grenzland, seinen Menschen und Geschichten. Darüber wollte ich etwas in Erfahrung bringen. Ob und worin es sich vom Rest des Landes unterscheidet. Dazu mußte ich mit Menschen sprechen, und mit Leuten kommt man nun mal am abendlichen Biertisch leichter ins Gespräch als eingerollt in einem Schlafsack, irgendwo mutterseelenallein auf einer Wiese. Deshalb wollte ich in kleinen Gasthöfen, Pensionen und Hotels übernachten.

Meine Ausrüstung war schnell beschafft. Ein Fahrrad mit Zehngangschaltung besaß ich bereits. Echte Fahrradfahrer würden beim Anblick des Rades vielleicht die Hände über dem Kopf zusammenschlagen, denn ich habe das Rad ohne jeden blassen Schimmer von der Technik gekauft, einfach, weil es mir gefiel. Es ist ein schwarzes elegantes Sportrad, dessen Besonderheit die beidseitig »verkehrt« herum in die Lenkerenden montierten Tandembremsen sind. Es war Liebe auf den ersten Blick, nur ein wenig getrübt durch den mürrischen und nörgelnden Fahrradhändler, der seine Räder während der Wintermonate in Handarbeit in seinem kleinen Kellergeschäft zusammenbaut. Doch sein kauziges Gemeckere verzieh ich ihm großzügig, als er die Richtigkeit meiner Kaufentscheidung mit der beiläufigen Bemerkung unterstrich, daß er seine Fahrräder sogar bis in die USA verkaufen würde.

Nur in zwei Punkten veränderte ich das Rad geringfügig: Ich baute einen Tachometer ans Vorderrad, da ich jede Etappenlänge täglich in mein Tagebuch eintragen wollte. Ansonsten schraubte ich noch eine Flaschenhalterung für die Getränkeflasche aus Plastik an den Rahmen. Mein Gepäck verstaute ich in einer stabilen Satteltasche aus Kunststoff. Kameras, Objektive und Filme kamen in eine geräumige Lenkertasche.

Zwei Paar Jeans, fünf Holzfällerhemden, fünf Paar Sok-

ken, Unterwäsche, ein Troyer, eine Jeansjacke, Bücher, Schreibkram, Waschzeug und ein Regencape ließen sich leicht in den Satteltaschen unterbringen. »Mehr brauchst du nicht mitzunehmen«, meinte der Verkäufer im Fahrradladen, »egal, ob du sechs Wochen oder sechs Monate unterwegs bist.«
Je näher der Tag der Abreise kam, um so gemütlicher wurde mir mein Zuhause. Das abendliche Bier, die Musikanlage mit den geliebten Platten, das Zusammensein mit meiner Freundin, das Herumtollen mit meinem Kater »Stromer«, all das sollte ich eintauschen gegen eine unbekannte Fremdnis, in die ich mich noch dazu per Muskelkraft hineinarbeiten mußte. Doch sosehr ich auch hoffte, daß etwas passieren mochte, was meine bevorstehende Reise stoppte oder hinausschob, es geschah nichts.
Der Morgen meiner Abreise war an einem klaren, sonnigen Augusttag. Die Wärme der Strahlen schien allen Menschen um mich herum das Gemüt zu erwärmen, nur mir nicht. Sogar den Freund, der mich samt Fahrrad zu meinem Startpunkt Priwall fahren wollte, knurrte ich ungnädig an, als er unverschämt gutgelaunt und fortwährend pfeifend die Hecktür seines Kombiwagens öffnete, damit ich mein Fahrrad einladen konnte.
Sosehr sich auch alle Reisen voneinander unterscheiden, eines haben sie gemeinsam, ob es nun auf den Himalaja geht, zum Nordkap oder bloß in die Lüneburger Heide. Mit den ersten Kilometern, die man zwischen sich und dem Heimatort zurückgelegt hat, kommt die Reiselust.
Heute morgen entlockt feiner Nieselregen dem Wald all seine Düfte. Mit naturgewaltiger Intensität weht mir ein leichter Wind den Geruch von moderndem Moos entgegen, würzigsüße Tannennadeln duften dazu, und moorigmuffige Pilze runden die Geruchsnote ab. Wie Wald ungefähr riecht, davon hat mir im städtischen Alltag nur der

Kiefernnadelduft meines Badeschaums eine Vorstellung gegeben. Als die Sonne durch den bewölkten Himmel sticht, erleben auch meine Augen unbekannte Sinnesreize. Wassertropfen auf Gräsern, Farnen und Blättern funkeln wie Diamanten. Im harten Seitenlicht verwandelt sich giftgrünes Moos zu Smaragden. Glattnasser Feuerstein schimmert wie Saphir, und Pilze leuchten wie Opale. Natur pur, dafür hielt ich in meiner Heimatstadt Hamburg bislang den Stadtpark, das Elbufer mit seinen Wanderwegen oder den Alsterpark. Über viele Jahre hatte ich die Millionenstadt nur während des jährlichen Urlaubs oder gelegentlicher Reportagereisen verlassen. So wurde ich schließlich genügsam im städtischen Asphaltdschungel.

Die Wakenitz entlang bis Rothenburg

Lübeck, einzige Großstadt auf meiner Grenztour, lasse ich rechts liegen. Ich stehle mich die vierzig Kilometer Stadtgrenze, die gleichzeitig Bundesgrenze ist, mühsam über Seitenstraßen durch die Hansestadt weg. Auf der Brandenbaumer Landstraße ist mit einemmal Schluß. »Auch drüben ist Deutschland«, behauptet ein schwarzrotgoldenes Schild, etwa hundert Meter weiter ist die Welt verrammelt und verriegelt. Eine Karawane von Fahrradfahrern, Frauen und Männer zwischen vierzig und fünfzig, steht ähnlich orientierungslos wie ich vor der Grenzbarriere. Wegen ihres großen Maßstabs ist meine Karte als Stadtplan untauglich, hilflos fahre ich mit dem Zeigefinger über die eingezeichneten Straßen. Als Freund und Helfer entpuppt sich ein Zöllner. Eben hat er noch mit stoischer Miene durchs Fernglas die Konkurrenz von drüben beobachtet, jetzt albert er mit uns herum und gibt bereitwillig Auskunft. Ich lerne die erste Lektion auf meiner Reise: Gib dich als Fremder zu erkennen, frag nach dem Weg, und schon kommst du mit jedem Menschen ins Gespräch.

Die Gelegenheit, gegenüber einem anderen als der Klügere aufzutreten und mit seinem Wissen zu helfen, verwandelt auch den größten Miesepeter im Nu in einen Menschenfreund.
Aus dem Zöllner sprudelt es nur so heraus. Früher, da hat er am Grenzbahnhof Büchen Dienst getan. Ein eintöniger Job. Immer nur warten auf einlaufende Züge. »Da hätt' ich ja gleich zur Bahn gehen können.« Gelangweilt und unzufrieden fingen viele seiner Kollegen an zu trinken. Als dann in Lübeck eine Stelle frei wurde, hat er sich sofort beworben. Auch seine Tochter sei froh über den Wechsel. »Die Lehrer sind in Lübeck nicht so konservativ.«
In Lübeck-Strecknitz habe ich die Beschaulichkeit der ordentlichen Einfamilienhäuser-Siedlungen, wo hinter zugezogenen Gardinen gerade Frühstückseier aufgeklopft und Brote geschmiert werden, wieder gegen üppiges Grün getauscht. Irgendwo links von mir fließt die Wakenitz. Dichtbewachsene Uferstreifen und verwunschene Seitenarme assoziieren Exotisches. Das verleitet den Schiffsführer eines weißen Fahrgastschiffes zum gewagten Vergleich: »Der norddeutsche Amazonas.« Auf der anderen Seite des schmalen Flusses zieht auf sechs Kilometer Länge das andere Deutschland vorbei. Die Passagiere stieren unablässig hinüber, aber Schilfrohre und Erlen sehen drüben auch nicht anders aus als auf unserer Seite. Mehr ist nicht zu sehen. Nicht mal die Warnschilder demonstrieren Ostkultur. Die hat der Bundesgrenzschutz aufgestellt.
Die Wakenitz fließt in Rothenhusen in den Ratzeburger See. Von hier aus will ich mit dem Fährschiff weiter nach Ratzeburg. Auf westlicher Seite steht von dem Dorf Rothenhusen, das im Mittelalter von Mönchen gegründet wurde, nur noch die Gaststätte »Fährhaus Rothenhusen«. Da ich noch Zeit habe, esse ich dort zu Mittag. Das Lokal gehört einem Italiener, doch auf der Speisekarte stehen

Das mannshohe Schild mit den abrupt endenden Anfangszeilen der bundesdeutschen Nationalhymne steht am Ende der Brandenbaumer Landstraße in Lübeck.

neben Lasagne, Pizza und Canneloni auch Bratkartoffeln mit Schnitzel. »Viele Gäste wollen nichts Italienisches«, erklärt achselzuckend der Kellner.
Als die »Mecklenburg« von Rothenhusen ablegt, hängt der Himmel bleigrau über dem Ratzeburger See. Die ersten Kilometer bleibt die andere Wasserseite DDR-Gebiet, dann biegt der Zaun plötzlich im rechten Winkel ab und entschwindet meinen Blicken Richtung Mechower See.
Schon 1944, vor der Niederlage der Hitler-Truppen, hatten Amerikaner, Briten und Sowjets im »Londoner Protokoll« Deutschland in vier Besatzungszonen aufgeteilt. Hier im Norden hielten sie sich in der Grenzziehung weitgehend an die mecklenburgisch-lauenburgische Landesgrenze. Nach der Kapitulation zogen an den vereinbarten Demarkationslinien Militärposten auf. Damals, so behauptet ein Rentner, mit dem ich auf der »Mecklenburg« nach einer Tasse Kaffee anstehe, hätten sowjetische und britische Offiziere kleinere Grenzverschiebungen noch mit Hilfe von Unmengen Wodka und Whisky beschlossen.
Die Grenze zur Sowjetzone führte am ganzen östlichen Ufer des Ratzeburger Sees entlang, bis dicht vor Ratzeburg. Am 27. November 1945 wurde dann in größerem Stil getauscht. Diesmal nicht unter der Hand, ob auch ohne alkoholische Einstimmung, ist nicht bekannt. Die mecklenburgischen Gemeinden Römnitz, Bäk, Mechow und Ziethen wurden britisch, dafür gingen am Schaalsee die lauenburgischen Gemeinden Lassahn, Dechow und Thurow an die Sowjets. »Seitdem knickt die Grenze hier ab«, weiß mein Rentner.

Stippvisite in Ratzeburg

Ratzeburg, die Stadt Heinrichs des Löwen, verdankt ihren Namen einem Obotriten-Fürsten. »Ratibor« hieß er, und sein Stamm kämpfte vor etwa tausend Jahren gegen die Oberherrschaft der Deutschen, die aus den Slawen mit Schwertstreichen Christen machen wollten, mangels einleuchtenderer Argumente. Doch das mußte ich erst in einem Buch nachblättern, ansonsten weiß ich von Ratzeburg nur, was die meisten Bundesbürger von Ratzeburg wissen, und das hat mit alten Händeln nichts zu tun. Seit »Ruderprofessor« Adams Zeiten kennt jedermann Ratzeburg als Erfolgsschmiede bundesdeutscher Skuller. Inzwischen ist dies auch längst Geschichte, unsere Ruderer quälen sich meist aussichtslos im Kielwasser ihrer Konkurrenten von drüben ab.

Ratzeburg ist der Touristenmagnet im »Naturpark Lauenburgische Seen«. Busladungen, automobile Blechschlangen und Bundesbahn schaffen die Touristen in die Stadt, die zwischen »Küchensee-Hecht« und »Schwarzwälder Kirsch« durch Kurpark, Georgsberg-Kirche, Petrikirche,

Ernst-Barlach-Gedenkstätte, Andreas-Paul-Weber-Haus und Ratzeburger Dom hetzen.
Meine Risikobereitschaft hat sich nicht gerächt. Als ich den Dom verlasse, lehnt mein bepacktes Fahrrad noch genauso unberührt an der Ziegelmauer des über 800 Jahre alten Kirchenbaus, wie ich es dort abgestellt hatte. Das Risiko bin ich nicht wegen des Altars von Gebhardt Jürgen Titge eingegangen. Auch nicht wegen der mittelalterlichen Holzschnitzereien am Chorgestühl oder der Predigtkanzel vom Lübecker Meister Heinrich Matthes, die von allen Besuchern mit ständigem »Aaah« und »Oooh« quittiert wird, sondern wegen eines Pfeilers.
Vor Jahren habe ich einmal einen Dieb kennengelernt. Sein Spezialgebiet: Grabschändung. Mit einem Kumpel stieg er in alte Fürstengräber ein und stahl die Grabreliquien – wertvolle Dolche, juwelengeschmückte Kreuze, Kronen, Ketten und Ringe. Das nötige Fachwissen holte er sich aus Büchern. Landauf, landab stöberte er nachts mit Taschenlampe und Brecheisen in den Ruhestätten gekrönter Häupter herum. Ein einträgliches Geschäft. Ein weißes Mercedes-Kabriolett mit roten Lederpolstern stand schon vor der Tür, ein schweres Motorrad war gerade bestellt, da nahm ihn die Polizei hoch. Sein Hehler, den die Kripo erwischte, hatte ihn wegen des Versprechens von Straferlaß verpfiffen. Dieser Dieb nun erzählte mir in einer Kneipe die Geschichte eines sagenhaften Goldschatzes. Der sei auf Veranlassung von Heinrich dem Löwen im Ratzeburger Dom eingemauert. »Unerreichbar für jeden Dieb«, klagte er, »in einem der über 17 Meter hohen Pfeiler des Domes, die das Dachgewölbe tragen.« Der Sage nach soll der Schatz dazu dienen, den Dom im Falle seiner Zerstörung wiederaufzubauen. Stimmen, so finde ich in Anbetracht der gewaltigen Pfeiler, könnte die Geschichte.

Die Lauenburgische Seenplatte

Berliner und Hamburger Wochenendurlauber halten den Naturpark Lauenburgische Seen fest in ihren Händen. Überdimensionierte Wohnburgen in gelbem, weißem und rotem Klinker haben sich die neuzeitlichen Schloßbesitzer in die Landschaft gesetzt. Auf der Autobahn Hamburg–Berlin brauchen sie nicht lange bis in ihre Feriendomizile. Ich möchte nur wissen, wie deren Eigentümer an manchen idyllischen Flecken zu einer Baugenehmigung gekommen sind. Schamlos klotzen sie ihre Klinkerschlösser in einen Tannenhain oder ans Seeufer. Gewaltige Eingangsportale riegeln die Auffahrten ab, dahinter Porsche, Mercedes oder Jaguar. Es lebe das Gemeinwohl.
Diese Saisoneinwohner haben dem Grenzzaun ihre privaten Zäune gegenübergestellt. Mit Drahtmaschen, spitzen Zaunpfosten und hohen Mauern, alles abgeguckt beim großen, häßlichen Gegenüber, sogar mit ähnlichen Warnschildern. Auch sie lassen ihre (Grundstücks-)Grenze von Hunden bewachen – wenn auch aus Angst vor Einbrechern, nicht Ausbrechern. »Hier wacht ein Dobermann«,

POSTKASTEN

Überdimensionierte Wohnburgen aus rotem, gelbem oder weißem Klinker bauen sich die neuzeitlichen Schloßherren in stilisiertem Fachwerklook auf ihre Grundstükke im Naturpark Lauenburgische Seen.

»Vorsicht, bissiger Hund«, »Hier wache ich« drohen die Schilder. Viele ziert das Bild eines grimmig dreinblickenden Beißers. Ein großer Teil der 90000 Hunde, die mit ihren Herrchen während der Sommerzeit Berlin verlassen, muß hier im Grenzland Wachhund mimen.
An einem Schlagbaum in Wietingsbek endet die Straße nach Schönberg. Unkraut und Gänseblümchen haben die brüchige Straßendecke mit sattem Grün durchsetzt. Mit solchen Sprenkeln wirkt der Asphalt fast idyllisch. Vor mir liegen die Grenzanlagen. Vornean die westlichen Warnschilder und rotweißen Grenzpfähle. Sie markieren den wirklichen Grenzverlauf. Viele Grenztouristen kapieren das nicht, obwohl die Schilder deutlich darauf hinweisen. Im Irrglauben, das DDR-Territorium beginne erst am Grenzzaun und dazwischen liege Niemandsland, latschen sie sonnigen Gemüts durch die Landschaft vor dem Zaun. Manchmal werden sie von Grenzaufklärern der DDR zurückgejagt, manchmal auch abgeführt und, nach ausführlichem Verhör, erst ein paar Tage später wieder freigelassen. Ärgerlich konstatierte der Bundesgrenzschutz im Jahre 1985 insgesamt 600 »Nichtbeachtungen des Grenzverlaufs« durch Angler, Landwirte, Touristen, Sportbootfahrer und Kinder.
Ein Stück hinter den rotweißen Pfosten steht die schwarzrotgoldene Grenzsäule mit dem DDR-Enblem Hammer und Zirkel. »Papageienpfähle« nennen sie die Zöllner oder »Marterpfähle«. Lange Zeit rätselten die Grenzhüter auf westlicher Seite darüber, was wohl die kleine Metallspitze auf dem Betonpfahl zu bedeuten habe. Eine Funkantenne? Schließlich erkannte irgend jemand ihre ganz banale Funktion: Sie verhindert, daß sich Vögel daraufsetzen und das DDR-Emblem beschmutzen.
»Früher standen die Pfähle weiter vorne«, hatte mir der Zöllner in Lübeck erklärt. Wegen der Souvenirjäger, die

überall die Metallplatten mit dem Emblem klauten, hat man sie schließlich zurückgesetzt. Hinter der Betonsäule liegt ein abgeholzter und geräumter Geländestreifen, dann kommt der etwa zweieinhalb Meter hohe doppelreihige Metallgitterzaun, anschließend der mit Betonplatten befestigte KFZ-Sperrgraben, ein sechs Meter breiter Kontrollstreifen, der ständig geeggt wird, um frische Fußabdrücke sofort zu erkennen, danach der Kolonnenweg und schließlich ein Beobachtungsturm, die Lichtsperre, die Hundelaufanlage und der Zaun mit akustischen und optischen Alarmeinrichtungen.
Insgesamt, so hat ein schlauer Kopf in irgendeinem Bundesministerium ausgerechnet, steht der durchkonstruierte Wirrwarr aus Beton, Stahl, Eisen und Asphalt entlang der Grenze auf etwa 15 000 Hektar, das ist fast soviel wie das Territorium von Liechtenstein. Das Ganze ist ein Produkt vielgerühmter deutscher Gründlichkeit und Perfektion. So was macht uns so leicht keiner nach. Die Arbeit geriet derart gründlich, daß sofort nach der ersten Modernisierung 1961 der Flüchtlingsstrom von rund 200 000 Menschen (1960) auf etwa 17 000 (1962) zurückging. Ständig perfektioniert erreichten trotz Abbaus der Selbstschußanlagen und Minenfelder 1985 nur noch dreißig Flüchtlinge über den Zaun hinweg die Bundesrepublik. Acht davon waren selbst Grenzposten. Diesseits und jenseits stehen sich etwa 22 000 Mann gegenüber. Drüben als Soldaten der »Grenztruppe der DDR« (im Zöllner-Jargon »Gresos«). Bei uns als Beamte des Zolls, der Bayerischen Grenzpolizei oder als Angehörige des Bundesgrenzschutzes.
Die Broschüre der Landesregierung Schleswig-Holstein »Die Grenze«, die an allen sogenannten »Grenzinformationsstellen« ausliegt, schreibt zum Grenzübersichtspunkt 7, Wietingsbek: »B 208 bis Ziethen, dort auf Straße Richtung Schönberg/DDR bis Schlagbaum. Blick auf Mecho-

wer See (Grenze am Westufer), im Hinterland Metallgitterzaun, Beobachtungsturm, Betonbunker. Grenzinformationsstelle, Abstellmöglichkeit für KFZ, Wendemöglichkeiten vorhanden.« Wo sonst gibt das Land Schleswig-Holstein außerhalb der klassischen Urlaubsregionen so detaillierte Auskünfte über Ausflugsziele wie im Grenzland?

Man ist in Wietingsbek auf Grenztouristen eingestellt. Im einzigen rausgeputzten Fachwerkhäuschen befindet sich ein moderner »Informationsraum«. Daneben gibt es sogar ein Behindertenklo. Selbst in öffentlichen Gebäuden großer Städte muß man solche planerische Rücksicht auf Behinderte lange suchen. Im Informationsraum sitzen einige Leute vor einem Videogerät. Auf der Metallscheibe erzählt gerade eine Lehrerin aus Berlin (Ost), wie furchtbar es dort an den Schulen sei und wie schön hier (West), wo sie nach ihrer Flucht Karriere gemacht habe. Sie sei jetzt Schulleiterin. Auch der nächste, ein Arbeiter, findet es drüben schlimm und hier toll. Denn: »Ich wollte schon immer ein Motorrad. Das ist drüben teuer – und dann ein Jahr Wartezeit. Hier stehen die funkelnden Stahlrösser im Schaufenster.« Alle guten Dinge sind drei. Aus dem einstigen Landarbeiter einer LPG wurde laut Film im Westen durch Einheirat ein Bauer. Telegen holpert er in Großeinstellung mit einem modernen Traktor übers Feld. Typische Flüchtlingskarrieren? Zwischen den farbig ins Bild gesetzten Kronzeugen gegen den Sozialismus rattern in Schwarzweißszenen russische Panzer durch das Berlin von 1953, mauern bewachte Arbeiter 1961 die Grenze dicht, plappern SED-Politiker sorgsam ausgewählte Uralt-Plattitüden zum antiimperialistischen Schutzwall. Die vom Videoband provozierten Gemütserregungen verwandeln die Zuschauer in eine geschlossene Riege Kopfnicker oder Kopfschüttler, je nachdem. Einem jüngeren Mann gefällt das

Über die Nagelspitze des DDR-Grenzpfahles haben westdeutsche Grenzer lange gerätselt. Eine Antenne? Ein Mikrofon? Die Erklärung war einfach: Der spitze Draht soll verhindern, daß Vögel das DDR-Emblem beschmutzen.

Programm offenbar nicht, er geht stirnrunzelnd hinaus. »Na, nicht zufrieden?« frage ich ihn vor der Tür, wo er sich gerade eine Zigarette dreht.
»Nein«, antwortet er, »das ist böswillige Hetze.« Er geht zum Auto, dreht sich noch einmal um und sagt: »Ich komme selbst von drüben.«
Als ich »Niemand's Pension« in Mustin erreiche, wird es schon dunkel. Ein glutrotes Kitschpostkarten-Sonnenlicht hebt die schwarzen Konturen des Horizontes vom Himmel ab. Über das hügelige Land senkt sich die Stille der Nacht. Eigentlich ist das Zimmer zu teuer, aber es ist schon spät, ich bin kaputt, und der nächste Ort ist noch weit. Durchgeschwitzt sattel ich ab. »Sieg Heil, Sieg Heil, Sieg Heil ...« Wie erstarrt bleibe ich stehen. Das martialische Gebrüll kommt aus einem Raum der Pension. Neonazis, schießt es mir durch den Kopf. Offensichtlich stört das Geschrei niemanden im Haus. Auch nicht den Wirt, in dessen Vereinszimmer die Traditionsfahne des Krieger- und Militärvereins von 1909 an der Wand hängt. Was soll ich machen? Umdrehen? Nachsehen? Ehe ich wieder einen klaren Gedanken fassen kann, kommen die Schreihälse aus einer Tür und gehen an mir vorbei. Den Gesprächsfetzen entnehme ich, daß der Sohn des Wirtes mit Freunden »einen geballert« hat. Also keine organisierten Neonazis, denke ich erleichtert. Im Bett grüble ich noch lange über den Zwischenfall nach. Wie weit ist es von gedankenlosen, kraftmeierischen Sprüchen bis zum Nazi-Gebrüll aus Überzeugung?

Der Goldensee

Hinter einem dichten, dunklen Wald mit hohen, hundert Jahre alten Bäumen muß er liegen. Beim Eintritt zwischen die himmelhohen, knorrigen Bäume, die gleichsam wie Kirchensäulen das grüne Dach dieser Kathedrale der Natur tragen, fühle ich ein ehrfurchtsvolles Schaudern. In die Düsternis des Laubdaches fallen Sonnenstrahlen ein wie durch Bleiglasfenster. Auf matschigen Waldwegen kämpfe ich mich mühsam hindurch. Dann liegt er da, ein schilfumrandeter Silberteller, am östlichen Ufer von welligen Weiden umrahmt – der Goldensee.

Es hat sich nichts verändert. Vor vielen Jahren bin ich häufig zum Angeln hierhergefahren. Zielloses Wandern war mir von jeher ein Greuel. Wollte jemand mit mir raus in die Natur, mußte er einen Grund finden, mit dem er mich hinauslocken konnte. Angeln wirkte immer. Schon als Kind bin ich mit meinem Vater frühmorgens an die Elbe gefahren. Er kam mit seinem Taxi von der Nachtschicht und schlief regelmäßig ein paar Minuten nach dem Auswerfen unserer Angeln im Campingstuhl ein. Aber

wegen der Verschmutzung des Flusses war es bereits Mitte der sechziger Jahre nicht mehr weit her mit den Fängen an der Oberelbe. Und die meisten anderen Gewässer waren im Besitz von Angelvereinen. In einen solchen Klüngelclub einzutreten, nur um angeln zu können, das war zuviel verlangt.
Die Entdeckung des Goldensees brachte die Lösung, denn für ihn brauchte ich keinen Angelschein. Der Goldensee gehört neben dem Mechower See, dem Dutzower See und dem Lankower See zum Staatsgebiet der DDR. Während ich mit meinen Angelruten auf westlichem Ufer stand, badete ich den Köderwurm im Wasser des Arbeiter- und Bauernsees. Die von drüben durften nicht ans Ufer, und die Unsrigen hatten nichts zu sagen. Es war ja nicht ihr See. Obwohl wir den DDR-Grenzposten die Schuppentiere unter ihren Augen wegfischten, machten sie gute Miene zur munteren Fischwaid. »Petri Heil«, klang es sogar manchmal ans westliche Ufer hinüber. Daß die Fische am Goldensee Freiwild waren, sprach sich bald bis nach Hamburg herum. Mittlerweile rückten samstags morgens ganze Heerscharen von Petrijüngern mit Rute, Kescher, Wurmdose und Bierkasten an. Die Reihe der geparkten Autos war fast so lang wie der westliche Uferstreifen. Einige besonders hartnäckige Hobbyfischer schlugen sogar Zelte am volkseigenen Gewässer auf und jagten nachts »auf Aal«. Clou aber war ein Bastler, der seinen Köder per ferngelenktem Boot bis dicht ans fischreichere östliche Ufer fuhr und ihn dann mit einem Funkbefehl aussetzte. Doch wie man seinen Köder auch ins Wasser brachte, mit natürlichem Armschwung oder technischem Brimborium, alle liebten das formlose Angeln ohne Vereinsklüngelei und Behördengenehmigungen, obwohl niemand wieder Brut einsetzte und Anglerglück immer seltener wurde. Nicht einmal mit Anglerlatein konnte ich aus meinen Fän-

Hohe Baumstämme tragen gleich Kathedralensäulen das Naturgewölbe und verleihen dem Wald am Goldensee, durch den ich mühsam mein Fahrrad schiebe, sakralen Charakter.

gen noch kapitale Karpfen machen, so winzig waren die gefangenen Rotaugen.
An westdeutschen Grenzschützern lag es schließlich, daß die Jagd auf Barsch und Karpfen, Hecht und Aal zum Verbrechen erklärt wurde: Im Juli 1976 ließ Schleswig-Holsteins Innenminister Titzck am Westufer Schilder mit der Aufschrift »Angeln verboten« aufstellen.
Erst glaubte ich, meinen Augen nicht zu trauen, als ich eines samstags morgens schwerbepackt mit Fanggerät und Proviant plötzlich vor dem Schild stand. Ist ja nicht ihr See, sagte ich mir und ignorierte das anmaßende Verbotsschild einfach. Das hätte ich besser bleiben lassen sollen. »Können Sie nicht lesen?« klang es hinter mir, als ich gerade meine Angelrute zusammensteckte. Ohne jedes Schuldbewußtsein versuchte ich es bei dem Zöllner mit Argumentieren, aber der, pflichtbewußt und offenbar noch in der Hoffnung auf Karriere, ließ sich nicht erweichen. Eine Anzeige wollte er mir ersparen, das war das einzige, wozu ich ihn bewegen konnte. Seit diesem Vorfall waren Goldensee und westdeutsche Grenzhüter für mich gleichermaßen erledigt.
Einem anderen Petrijünger, es ging vor einigen Jahren durch die Presse, ist es am Lankower See nicht so glimpflich ergangen: Das Ratzeburger Amtsgericht verurteilte ihn wegen »Fischwilderei« zu 500 Mark Geldstrafe. In der Berufung bezweifelte der Anwalt des Anglers die Kompetenz westdeutschen Rechts, handelt es sich bei dem See doch um Hoheitsgebiet der DDR. Demzufolge sei auch das Recht der DDR anzuwenden, und das kenne überhaupt keinen Tatbestand »Fischwilderei«. Dem schloß sich das Gericht wohl oder übel an, der Mann wurde freigesprochen, die Verbotsschilder an den Seen verschwanden, die fröhlich-formlose Angelei begann von neuem.
Doch so leicht wollte man in Kiel nicht klein beigeben. Aus

Sorge um »die Sicherheit der Bundesbürger und zur Vermeidung von Grenzzwischenfällen« drehten und wendeten Schleswig-Holsteins Justiz- und Innenminister sogar das Strafgesetzbuch der DDR hin und her. Schließlich wurden sie fündig. Laut Paragraph 158 sollte das Verhalten nun »als Versuch des Diebstahls sozialistischen Eigentums« gewertet werden. Halb Schleswig-Holstein lachte sich damals kaputt über den Antikommunisten Titzck, der sich soviel Sorge um »sozialistisches Eigentum« machte, die DDR aber in ewiggestriger Manier unverdrossen »Ostzone« nannte.

Wieder wurden die Richter in Lübeck befragt. Dort schloß man sich nun zwar der Meinung an, es handele sich um Fischwilderei, konnte aber laut DDR-Recht höchstens eine »Verfehlung« geltend machen. Es gab erneut Freispruch. Noch verworrener wurde die Grenzposse, als die Klassenbrüder von der Ortsgruppe Schlagsdorf des DDR-Anglerverbandes dem beschuldigten Maurer für hundert Westmark einen DDR-Angelschein besorgten. Verdattert legte man den behördlichen Freibrief in der gemeinsamen Grenzkommission den DDR-Vertretern vor. Die wollten die solidarische Hilfsaktion indessen nicht anerkennen. Egal. Erst mal war das Verbot der Behörden vom Tisch, und an den lauenburgischen Seen surrten wieder die Angelrollen.

Inzwischen müssen die Rechtspfleger auf einen neuen Dreh gekommen sein. Laut Blechschild verbieten sie das Angeln »nach Paragraph 293 des Strafgesetzbuches«. »Wer unter Verletzung fremden Fischereirechts fischt«, heißt es darin, ». . . wird mit Freiheitsstrafe bis zu zwei Jahren oder mit Geldstrafe bestraft.«

Am Grenzaussichtspunkt Marienstedt sind einige Männer bei der Arbeit, die dabei keine Zuschauer wünschen: ein Lauschtrupp der Bundespost. Neugierig beobachte ich das

Treiben von zwei Elektronikern, die auf dem Dach ihres LKW gerade die Antennenfinger nach Osten ausrichten. Sie tun so, als existiere ich gar nicht. »Was soll denn das werden?« stelle ich mich naiv. Endlich blickt einer auf. Aus dem Innenraum des grünen Kastenwagens, in dem ich ein Gewimmel von Schaltern, Knöpfen und Lampen erkenne, brummt eine Stimme: »Stellt wieder jemand neugierige Fragen?« Trotzdem läßt sich der erste zu einem knappen »Funkmessung« herab. Als ich die Kamera ans Auge setze und auslöse, zeigen die Lauscher von der Post Temperament. »Wir reißen dir gleich den Film aus der Kamera!« drohen sie mir. Das wirkt. Ich mache, daß ich fortkomme.

Der Fischer vom Schaalsee

Die Bootsplanken sind gemustert wie der moosige Rücken eines uralten Hechtes. »43er Baujahr ist der«, sagt Uwe Buuck und klopft mit der klobigen Faust auf die dicken Eichenbohlen des Kahnes. Karambolagen beim Anlegen haben mit den Jahren Scharten und Risse ins Holz getrieben. Uwe Buuck, selbes Baujahr, ist dagegen noch immer glatt, rosig und frisch. Ein großer, breiter Kerl mit Händen wie Baggerschaufeln. Bis zum Bauch steckt sein massiger Körper in einer grünen Gummihose, deren Latz ihm vorn bis hoch zur Brust reicht.

Uwe Buuck ist Berufsfischer auf dem Schaalsee. »Jeder Tag ist Fischtag«, zitiert er eine alte Fischerweisheit, »doch nicht jeder Tag ist Fangtag.« Um aber herauszufinden, welcher Tag gerade dran ist, muß er erst mit dem alten Kahn auf »seinen« Teil des Schaalsees fahren und fischen. »Arbeitsmäßig«, resümiert er, sei es also völlig Wurscht. Die Fanggründe um Groß-Zecher hat Fischer Buuck vom Grafen Bernsdorff gepachtet. Dem Adelsherrn gehören achtzig Hektar des 2300 Hektar großen Schaalsees. Mitten

hindurch – gelbe Bojen markieren ihren Weg – verläuft die deutsch-deutsche Grenze. Uwe Buuck kennt keine Berührungsängste.
Mit dem außenbordergetriebenen Eichenkahn fahren wir bis an die Bojen heran, um die Stellnetze einzuholen. Das letzte der elf feinmaschigen Netze müssen wir sogar vom Schilf »vom Osten« losbinden. Als ihm dafür beim morgendlichen Aussetzen ein Schwimmer fehlte, hatte er es kurzerhand an einigen kräftigen Schilfhalmen festgebunden. »Jetzt nur nicht aussteigen«, warnt er mich. Probleme mit den »Grauen« (DDR-Patrouillenboote) hat er nicht, das war vor fünfzehn Jahren anders, da hat er mal »drüben vier Tage in Vollpension gesessen«, weil er am Ostermontag 1964 im Übermut mit seinem Bruder nach Bernsdorff »rüber ist«, um nach dem Platz zu schauen, auf dem sein Geburtshaus stand. »Ich hab's damals wirklich übertrieben«, gibt er schmunzelnd zu. Inzwischen wird auch gelegentlicher Frontenwechsel der Fischer geduldet. »Sonst müßten wir wegen des Grenzverlaufs oft riesige Umwege fahren.« Grenzüberschreitend schippern auch seine drei bundesdeutschen und die beiden Fischerkollegen von drüben über den Schaalsee.
Die sechs Schaalsee-Fischer jagen vor allem die Große Maräne. Der bis zu zwölf Pfund schwere Edelfisch ist in deutschen Gewässern selten und gilt als Delikatesse. Die Maräne braucht klares und sauerstoffreiches Wasser, an dem der »ökologisch bedeutungsvollste See Mitteleuropas« (Landwirtschaftsministerium Schleswig-Holstein) mit seiner Tiefe von 71,8 Metern bislang keinen Mangel hatte. Die Grenzziehung erzwang zudem eine Ruhe am See, die Kormorane, Kraniche und Seeadler zum Nisten anlockte. Damit das so bleibt, wollen Schleswig-Holsteins Ministerpräsident und der DDR-Umweltschutzminister den Schaalsee zum Naturschutzgebiet erklären. Sonst ma-

chen Einleitungen von Gülle und Abwässern auf beiden Grenzseiten sogar den Schaalsee bald zu einer Kloake. Auch die Grenzhüter will man an die Leine nehmen. Denn mit seinem superschnellen Boot »rauscht der Bundesgrenzschutz durch, daß das Schilf wackelt«, beschwerte sich Abteilungsleiter Dr. Conrad vom Kieler Landwirtschaftsministerium.

Daß es »den Spinnern auf ihrer 90 000-Mark-Jacht« endlich an den Kragen gehen soll, findet Fischer Buuck richtig, aber das mit den Kormoranen sieht er anders. Die gefiederten Fischer seien nämlich dafür verantwortlich, daß es in letzter Zeit mit den Fängen schlechter wurde. »Die fangen viel mehr, als sie wirklich fressen können«, schimpft er.

Während Uwe Buuck die Netze zusammenbindet, erzählt er mir, wie die begehrten Maränen in den Schaalsee gekommen sind: »Vor vielen Jahrzehnten kam eine Nonne vom Bodensee ins Kloster Zarrenthin an den Schaalsee. Ihr Leibgericht waren gebratene Maränen. Doch in den Seen Schleswig-Holsteins gab es weit und breit keine Maränen. Das hörte der Teufel, und er versprach der Nonne einen ganzen Sack voll. Nur eine kleine Gegenleistung wollte der Teufel – die Seele der Nonne. Sie willigte ein, zur Bedingung machte sie aber, daß der Teufel bis fünf Uhr nachmittags mit den Maränen zurück sein müsse. Als der Teufel verschwunden war, stellte die pfiffige Nonne die große Uhr des Klosters vor. Nachmittags, der Teufel war auf dem Rückweg gerade über dem Schaalsee, hörte er plötzlich die Klosteruhr fünf schlagen. Vor Schreck ließ er den Sack Maränen in den See fallen.«

In Wahrheit ist die Große Maräne, genau wie der ebenfalls im Schaalsee vorkommende Ringelkrebs, ein Überbleibsel aus der Eiszeit. Daß es diesen Lachsfisch im Norden Deutschlands nur im Schaalsee gibt, hängt eher mit der

außergewöhnlichen Tiefe des Gewässers zusammen als mit der Tolpatschigkeit des Teufels. Ansonsten schwimmen Große Maränen in Deutschland nur noch in einigen Alpenseen.
Eineinhalb Zentner Nachfahren von des Teufels Maränen, außerdem die kleineren Silbermaränen, Hechte, Barsche und eine Quappe, liegen am Ende des Fischzuges in einer großen Styroporkiste im Bootsrumpf. Die grätenreichen Brachsen hat der Fischer gleich wieder reingeworfen, »nur über fünf Pfund behalt' ich sie«. Uwe Buucks Maränen sind berühmt, bis nach Hamburg beliefert er Luxus-Restaurants mit dem Leckerbissen. Auch Ministerpräsident Barschel ist bei ihm Stammkunde.

Die Trasse nach Berlin

In Groß-Zecher hat es in den letzten Jahren eine Bevölkerungsexplosion gegeben. Wochenendurlauber mit Zweitwohnsitz. Ihre Neubauten im Fachwerkstil passen sowenig zu den alten Bauernhäusern wie eine moderne Hi-Fi-Anlage in ein Stilmöbel. Obwohl Groß-Zecher allmählich zu Riesengroß-Zecher wird, gibt es im Dorf noch immer keinen Lebensmittelladen, keinen Bäcker, keine Bank. Alles kommt auf vier Rädern, per LKW. »Im Sommer Klein-Berlin«, klagt die Bedienung der »Schaalsee-Pension«, »im Winter tote Hose.«

Schon von weitem höre ich die tiefe Stille der Tannenwälder mit einem gleichmäßigen Rauschen unterlegt. Es klingt nicht wie das Geheule einer Motorsäge, nicht wie das Geblubber eines Traktors oder der blecherne Klang eines Mähdreschers. Das Geräusch muß von der Berliner Autobahn stammen, die laut Straßenkarte hier irgendwo die rote Strichelgrenze in Richtung Berlin durchstößt. Und plötzlich stehe ich auf einer Lichtung so groß wie ein Fußballstadion. Vollgepflastert mit Grenzabfertigungsgebäu-

den und einer Tankstelle. Eine Brücke führt über die sechsspurige Trasse, einzige Möglichkeit, die Asphaltpiste zu überwinden. Für die Tiere des Waldes aber ist die Zäsur gründlich. Die Schneise auf westlicher Seite schlugen zu Beginn der achtziger Jahre eigens aus Skandinavien angeheuerte Holzfäller in die Wälder. Spezialisten waren notwendig, um zeitgleich mit den Bauarbeiten aus dem anderen Deutschland am ausgemachten Grenzübergangspunkt Gudow fertig zu werden. Denn wo kämen wir hin, argumentierte der damalige Ministerpräsident von Schleswig-Holstein, Dr. Gerhard Stoltenberg, wenn die DDR mit ihrem Teilstück der Autobahn termingerecht fertig würde und wir nicht. Flugs legten die Ministerialbeamten Stoltenbergs noch einen drauf und versprachen, die Bauindustrie werde »der DDR zeigen, wozu sie in der Lage ist«.
Die Einwände von Naturschützern und dem größten Grundbesitzer im Trassenland, Ferdinand von Bismarck, daß ein südlicherer Autobahnverlauf erheblich geringere Belastungen für die Natur zur Folge hätte, wurden von den Gerichten beiseite gefegt. Den Versuch, die Bauarbeiten durch eine Klage so lange zu stoppen, bis im Hauptverfahren entschieden sei, wies das Oberverwaltungsgericht Lüneburg am 27. April 1981 zurück. Erst absägen, dann absegnen, nach dieser Devise gingen die staatlichen Bauherren vor. Das deutsch-deutsche Straßenrennen nahm seinen Lauf.
Die Landschaftsidylle, ohnehin einziges Trostpflaster für die durch den Zaun gebeutelten Bewohner des Grenzlandes, kam erst unter die Kettensägen der Holzfäller, anschließend unter die Laufketten der Planierraupen. Im Naturpark Lauenburg rieben sich die Fremdenverkehrsstrategen die Hände. In froher Erwartung der Touristenströme aus Berlin und Hamburg brüteten sie schon über Plänen von notwendigen Waldparkplätzen, ausreichenden

Bettenkapazitäten und attraktiven Freizeitangeboten. Die Sorge um den Ausverkauf der Natur überließen sie den Naturschützern.
Deren Bilanz nach knapp drei Jahren Autobahntrasse: Der Autobahnlärm vertreibt nach und nach die seltenen Schwarzstörche aus dem Sachsenwald. Die Trasse zerschneidet Bachläufe, stört die Ruhe an zahlreichen Kleingewässern und vertreibt seltene Insekten wie die Grünaugenlibelle, die Bachhafte, den Schönbär und den Dickkopffalter. Dem Rotwild wurden durch die eingezäunten Trassenränder an Wochenendtagen, wo Tausende Erholungsuchende in den Sachsenwald strömen, die Fluchtmöglichkeiten in den ruhigen Nordteil des Waldes genommen.
Dafür erspart man 8200 Autofahrern pro Tag etwa anderthalb Stunden Fahrzeit, die sie auf der alten B 5 länger unterwegs waren. Bei 15 000 liegt normalerweise die Grenze, so die Aussage des Verkehrsministeriums, wo man sich überlegt, ob eine Autobahn überhaupt sinnvoll sei. Hier hat man offenbar nicht überlegt, eine andere Lösung stand nie zur Debatte.
Von der Brücke aus beobachtete ich eine Gruppe Tramper auf dem Parkplatz vor der Grenzabfertigung. Weiß der Teufel, wie sie an diesen gottverlassenen Ort mitten im Wald gekommen sind. Normalerweise halten nur Zöllner oder Grenzschützer am Kontrollpunkt Gudow, alle anderen fahren weiter. Transitreisende via Berlin hätten sie sicherlich bis dorthin mitgenommen und nicht hier ausgesetzt. Und Autofahrer, die in die DDR einreisen, hätten sie vermutlich nicht einmal bis hierher mitgenommen. Denen bricht schon bei ihrer Abfahrt von zu Hause wegen der bevorstehenden Kontrollen auf DDR-Seite der Angstschweiß aus. Mit ihrer Aufregung haben sie genug zu tun, von denen gibt sich niemand mit Anhaltern ab.

Die Tramper dort unten haben ihre Rucksäcke und Jutetaschen zu einem kleinen Berg aufgetürmt. Geduldig hoffen sie auf die Injektion Auto, die sie durch Berlins automobile Blutbahn pumpt. Keiner von ihnen zeigt den heranrollenden Vehikeln das ansonsten übliche Pappschild mit dem anvisierten Zielort. Es wäre auch überflüssig. Hier auf dem Rastplatz der Grenzkontrollstelle Gudow gibt es nur eine Richtung, ein Ziel: Berlin.

Die »Karriere« des Michael Gartenschläger

Längst nennen Bundesgrenzschutz und Zoll den Aussichtspunkt 13 – ein kurzes Stück vor Bröthen an der Kreisstraße 28 – auch im offiziellen Sprachgebrauch »Gartenschläger-Eck«, seit dort am 1. Mai 1976 Michael Gartenschläger von Grenzsoldaten der DDR erschossen wurde.

Die »Karriere« Michael Gartenschlägers, die auf tragische Weise mit der Teilung Deutschlands verknüpft war, begann wenige Stunden nach dem Mauerbau in Ost-Berlin. Mit einigen Freunden pinselte er Parolen wie »Deutschland den Deutschen« an die Mauer. Fünf Tage später zündete er die Scheune einer landwirtschaftlichen Produktionsgenossenschaft an. Danach wurde er von der Volkspolizei verhaftet. In einem dreitägigen Schauprozeß verurteilte man den erst 17jährigen wegen »Diversion im schweren Fall in Tateinheit mit staatsgefährdenden Gewaltakten und staatsgefährdender Propaganda und Hetze im schweren Fall« zu lebenslangem Zuchthaus. »Rias-Hörer, Brandstifter, Vandale« nannten ihn die Parteizeitungen,

ein »Individuum, das für immer aus der Gesellschaft isoliert werden« müsse.
Solchermaßen abgestempelt, verschwand Gartenschläger hinter Gefängnismauern, erst in der Jugendstrafvollzugsanstalt Torgau, später im Zuchthaus Brandenburg. Während seiner Haft erwarb er den Facharbeiterbrief als Dreher. Die erworbenen Kenntnisse nutzte er schnurstracks bei zwei Ausbruchsversuchen. Der erste schlug fehl, weil ein nach Augenmaß angefertigter Nachschlüssel ein winziges Stück zu groß geriet. Der zweite Fluchtversuch mißglückte wegen der Faulheit eines Traktorfahrers: Der ließ eine Kiste mit Ersatzteilen auf dem Gefängnishof stehen, die er vereinbarungsgemäß hätte in die Stadt fahren müssen. In der Kiste lag, unter einem doppelten Boden, der Häftling Gartenschläger.
Nach knapp zehn Jahren wurde Gartenschläger schließlich für 45 000 Mark von der Bundesrepublik freigekauft. Er kam nach Hamburg, angefüllt mit Haß, Wut und Tatendrang. Heimzahlen wollte er es der DDR. Er organisierte Fluchtunternehmen, schmuggelte Bürger aus der DDR auf alle erdenkliche Art und Weise in den Westen und schmiedete sogar Pläne, den DDR-Verteidigungsminister Hoffmann zu kidnappen und in die Bundesrepublik zu schaffen. Irgendwann las er dann in einer Zeitschrift einen Bericht über Technik und System der Grenzanlagen. Gerätselt wurde darin auch über die Technik der 22 000 Selbstschußanlagen des Typs SM 70, die die DDR seit 1971 am gesamten Grenzverlauf aufgestellt hatte und von denen noch keine in den Westen gelangt war. Gartenschläger sah seine Stunde gekommen.
Diese Todesautomaten – seit 1984 sind sie am gesamten Grenzverlauf wieder entfernt worden – lösen beim geringsten Vibrieren des Grenzzaunes eine Treibladung aus, die neunzig Metallwürfel in einem Umfeld von 25 Metern

durch die Gegend schießt. Die Geschosse haben die Wirkung von Dumdummunition. Gegen das versehentliche Auslösen durch Vögel schützen den eigentlichen Auslösedraht zwei sogenannte Sitzdrähte. Bewegt man den Auslösedraht um mehr als zwei Zentimeter oder durchschneidet man ihn gar, zündet der Automat. Solche Details waren allerdings zu diesem Zeitpunkt nicht einmal dem Bundesgrenzschutz bekannt.

Neben den Minen waren diese Selbstschußanlagen für die Presse in der Bundesrepublik ständiger Beweis für die Menschenverachtung des Sozialismus. Sprach man in Springers »Bild« anfangs noch nüchtern von »Selbstschußapparaten an der Zonengrenze«, wurden es bald »Todesfallen«, gar »barbarische Todesfallen«, später »Exekutionsgeräte«, und Springers Lieblingsschreiber Matthias Walden sprach in der »Welt« letztlich vom »automatischen Hinrichtungsapparat zur Vollstreckung der Todesstrafe«. Sogar der »Spiegel« druckte – aus Angst vor dem Reinfall auf einen gar zu abenteuerlichen Humbug wohlweislich nur als Zitat – lang und breit die Meinung eines Berliner Journalisten, der herausgefunden haben wollte, daß es sich bei der SM 70 in Wahrheit um eine Konstruktion der SS handelt, mit der die Nazis Fluchtversuche aus Konzentrationslagern verhindern wollten.

Gerade der Umstand, daß noch keine SM 70 in die Bundesrepublik gelangt war, übte auf Michael Gartenschläger einen Reiz aus, dem er, zusätzlich angetrieben von seinem Haß, letztlich nachgab. Begleitet von einem Freund, zog er in der Nacht zum 30. März 1976 zur Grenze bei Bröthen. Auf bundesdeutscher Seite steht dort, bis hin zu den Grenzpfosten, ein dichter, dunkler Kiefernwald. Dreißig Meter dahinter steht der Zaun.

Ehe er sich dann am frühen Morgen des 30. März, gegen drei Uhr, an die Demontage des »Kameraden« machte –

Gartenschläger nannte die Todesautomaten nur so –, verstreute er in der Umgebung des auserwählten Apparates ein Viertelpfund Pfeffer gegen die Spürnasen der Wachhunde. Sein Gesicht schwärzte er vorher. Eine Angelschnur um den Bauch – Signalschnur beim Nahen westdeutscher Grenzschützer – zog Gartenschläger los. Seine Ausrüstung bestand aus einer selbstgefertigten Holzleiter, einem zwei Meter langen Stock mit einem Seil im Karabinerhaken (»Kran«), Taschenlampe, Verbandszeug, Seitenschneider und Ringschlüssel.
Einen Tag zuvor hatte er tausend Meter entfernt probehalber einen Selbstschußapparat hochgehen lassen. Gartenschläger wollte wissen, in welchem Winkel und in welcher Entfernung die SM 70 wirkt. Das größte Problem beim Abbau war das Durchtrennen der Zündkabel. Aber welches der Kabel war nun das richtige? Mehr intuitiv als wissend zerschnitt Gartenschläger nacheinander die in den Geschoßtrichter führenden Zündkabel. Nichts passierte. Dann schraubte er die beiden Halterungen des »Kameraden« los, legte anschließend eine Verschnaufpause ein, durchtrennte danach alle übrigen Drähte – auch den Auslösedraht der SM 70 nebenan. Wieder blieb alles ruhig. Der Auslösemechanismus des »Nachbarkameraden« versagte. Zu diesem Zeitpunkt ahnte Gartenschläger schon, daß keine Gefahr mehr bestand. Hätte er nicht zuerst die in den Trichter führenden Kabel durchgetrennt, er wäre von den Stahlwürfeln der SM 70 in Stücke geschossen worden.
Mit seinem Beutestück zurück auf Westseite, machten Gartenschläger und sein Helfer einen Höllenlärm. Er wollte zu gern fotografieren, wie DDR-Grenzposten entgeistert vor dem leeren Pfosten herumstehen. Doch sosehr sie sich auch anstrengten, drüben blieb alles ruhig.
Die Presse stilisierte Gartenschlägers Psychotrip über den

Zaun zu einer Heldentat hoch. Der »Spiegel« kaufte ihm den Selbstschußautomaten für 12000 Mark ab und präsentierte der schaudernden Leserschaft Röntgenaufnahmen und Schnittzeichnungen vom Innenleben des SM 70. Wieder feierte man allenthalben seinen Wagemut und Schneid, als er knapp vier Wochen später nur wenige Meter vom ersten Tatort entfernt einen zweiten »Kameraden« abmontierte. Den DDR-Grenzern, die sich nach seinem zweiten Grenzübertritt vor dem leeren Pfosten einfanden, rief er übermütig zu: »Seht das doch nicht so verbissen. Das dritte und vierte Ding hol' ich euch auch noch weg.«

Mit dem dritten »Kameraden« hatte Gartenschläger etwas ganz Besonderes vor: Er wollte ihn zusammen mit einem Stück Drahtzaun abmontieren und ihn am Fahnenmast der Ständigen Vertretung der DDR in Bonn anschrauben. Von Freunden ließ er sich überreden, es diesmal siebzig Kilometer entfernt, im Niedersächsischen, zu machen. So zog er am 1. Mai 1976 nur deshalb an die Grenze bei Bröthen, um die Leiter aus dem Gebüsch zu holen, die er nach seinen beiden gelungenen Coups dort versteckt hatte.

Doch unvermittelt änderte Gartenschläger den Plan und wollte noch mal eben »vorne gucken, wie es da aussieht«. Seit seinen Aktionen im März und April hatten die Grenzer der DDR gerade diesen Ort zusätzlich gesichert: Scheinwerfer waren montiert, ein Beobachtungsbunker aufgestellt worden, und Streifen patrouillierten in kleineren Abständen. Gartenschläger wußte das. Seine beiden Begleiter redeten auf ihn ein, »diesen Wahnsinn« zu lassen. Doch als sie sich umdrehten, um zum Auto zurückzugehen, entschloß sich Gartenschläger: »Ach was, ich zünde noch schnell einen ›Kameraden‹, ehe wir weggehen, es geht ganz schnell.« Kurz vor dem Zaun wurde Gartenschläger von Grenzaufklärern der DDR erschossen.

Mit dem gleichen Gelärme, das man nach seinen vorangegangenen »Heldentaten« anstimmte, rührten Zeitungen, Rundfunk und Fernsehen jetzt die Trommel gegen die Ermordung Gartenschlägers. Dabei hatten sie an dem Tod des mediengerechten DDR-Hassers kräftig mitgewirkt. Die unverhüllte Schadenfreude einiger Journalisten (»Denen drüben hat er es aber gezeigt«) und ihr Schulterklopfen (»Spiegel«: »Michael Gartenschläger, 32, arbeitet gern auf eigene Faust und erledigt mit Vorliebe knifflige Dinger«) hetzten den aufgestachelten Antikommunisten von einer Wahnsinnstat zur nächsten. Als er schließlich kein Glück mehr hatte, konnten die Zeitungen auch das noch publizistisch verwerten. An einer Geschichte über den dritten, vierten oder fünften gestohlenen Selbstschußautomaten war sowieso niemand mehr interessiert. Kalter Kaffee. Erst sein Tod brachte dem 31jährigen noch einmal Schlagzeilen. Er war ein passendes Indiz für die Barbarei des sozialistischen Systems im anderen Deutschland. Das fügte sich prima ins Bild von der DDR, an dem hier so eifrig gemalt wird, damit es in seinen düsteren Farben kontrastreich vom eigenen Grau ablenkt. Aber auch über Gartenschlägers Tod war bald das Gras der Geschichte gewachsen. Im Rhythmus des journalistischen Verwertungsprozesses, in dem nichts langweiliger ist als die Nachricht von gestern, hechelten alle schon wieder neuen Sensationen hinterher.
Heute erinnert am Gartenschläger-Eck ein gewaltiges Holzkreuz an den Tod des Mannes – aufgestellt von der stramm antikommunistischen und reaktionären Gesellschaft für Menschenrechte, die sich Gartenschläger nach seinem Tod als Märtyrer vor ihren politischen Karren spannte.

Bei den Sinti vor Büchen

Auf dem Lösch- und Ladeplatz vor Büchen, dort, wo die Landesstraße 205 den Elbe-Lübeck-Kanal überquert, lagern in zwei großen Wohnwagen Sinti. Schwere Mercedes-Limousinen stehen daneben. Von der Straßenbrücke beobachte ich das Treiben ihrer Kinder. Unten plantschen drei kohlrabenschwarzhaarige Jungen mit einem knallgelben Schlauchboot auf dem Kanal herum. Mich wundert es, daß die »Landfahrer« hier unbelästigt campieren können. Orte wie Büchen, wo hinter weißgetünchten Gartenzäunen und undurchsichtigen Gardinen die Grundwerte von Moral und Anstand in verriegelten Kleinbürgergruften gehütet werden, sind nicht gerade für die anständige Behandlung von Sinti und Roma bekannt. Meist schieben sie die »Zigeuner« unter irgendeinem Vorwand ab. »Fehlende sanitäre Anlagen« ist ein häufig genannter Grund.
Die Kinder umlagern mich sofort. Selbst ständig unterwegs, entdecke ich in ihren großen Augen trotzdem diesen sehnsüchtigen Blick, mit dem mir unterwegs schon einige Male Kinder hinterhergesehen haben. Vielleicht gebe ich

auf dem vollgepackten Fahrrad ihren Träumen von fernen Abenteuern Nahrung?

»Möchtest du einen Kaffee?« Die Sinti, Vagabunden wie ich, behandeln mich wie einen der ihren. Das Gebräu dampft im abgestoßenen Becher. Es ist an diesem Nachmittag kühl, die heiße Flüssigkeit wärmt meine Hände, mit denen ich den Becher umschließe und nach einem tiefen Schluck auch meinen Körper. Alle um den kleinen Klapptisch vor den Wohnwagen haben blauschwarze Haare, nur eine zierliche, blutjunge Frau mit langen roten Haaren ist darunter. »Meine Frau ist eine von deinen Leuten, eine Gadsche«, sagt einer der Männer, ein junger Kerl mit schmalem, schwarzem Schnauzbart, der meinen fragenden Blick sofort bemerkt hat. Schüchtern lächelt sie mich an. Der älteste der drei Männer, kräftig und braungebrannt, mit einem von tiefen, scharfen Falten zerklüfteten Gesicht, holt eine Gitarre vom Rücksitz des Mercedes und beginnt, leise zu klampfen. Woher ich komme und wohin ich will, möchten sie wissen. Als ich es ihnen erzählt habe, sagt der Gitarrenspieler, augenscheinlich der Clanchef: »Das Land an der Grenze ist kein gutes Land. Kaum haben wir unsere Wagen irgendwo hingestellt, ist wenig später die Polizei da und jagt uns wieder weg.« Sie handeln mit Teppichen, »keinem Schund, echten Persern«. Sie sind von Kiel gekommen und wollen weiter in den Süden. Im Augenblick geht ihr Geschäft schlecht. »Der Zimmermann von ›XY... ungelöst‹ hat was über einen Trickbetrüger an den Haustüren gebracht«, klagt der Patriarch, »sofort läuft für uns nix mehr.«

Während wir den heißen Kaffee schlürfen, verbreitet sich ein Gefühl der Vertrautheit, das sich bei mir gegenüber Fremden sonst immer erst nach einiger Zeit einstellt. Aber auf der Straße ist vieles anders.

Während ich durch die Gegend fahre, schießen mir tausend Ideen, Assoziationen und Gedanken durch den Kopf. Wild durcheinander, wie die Kugeln in der Lottotrommel samstags abends im Fernsehen. Auf dem Fahrrad kann ich mit niemandem darüber reden. Daher bin ich dankbar für jede Gesellschaft, jedes Wort, das ich unterwegs wechseln kann.

Noch immer schweigen alle am Tisch, nur die Kinder lärmen beim Spielen, und so fängt der Alte wieder an zu spielen und singt dazu: »Zigeuner kommen in die Stadt! / Aufgepaßt, wer Kinder hat! / Wenn die bunten Wagen kommen, / wird die Wäsche abgenommen. / Zigeuner kommen in die Stadt. / Die Spinner wollen jetzt ihr Recht, dabei geht's ihnen gar nicht schlecht: / Von der Sozi leben sie, / aber Steuern zahl'n sie nie! / Zigeuner sind mal wieder in der Stadt.«

Wenn man auf der Straße unterwegs ist, dann gibt es einige ungeschriebene Gesetze, die sollte man beachten. Eines davon lautet: Unterlasse jede direkte persönliche Frage. Quetsche Fremde nicht gleich unhöflich aus, sondern nimm dir Zeit. Daran halten wir uns während der Kaffeetassenlänge. Als mir zum Abschied alle die Hand drücken, wissen wir voneinander nicht die Namen und doch viel mehr. Oben auf der Kanalbrücke winke ich ihnen ein letztes Mal zu.

Büchen ist ein synthetisches Kaff. Das ehemalige Bauerndorf ist größenmäßig ein Emporkömmling, das als Nutznießer der Flüchtlingsströme nach Kriegsende zum Ort anwuchs. Damals verdoppelte sich die Einwohnerzahl an der Zonengrenze. Wie Kraut und Rüben wuchsen Orte und Städte, um der Wohnungsnot Herr zu werden. Und wie in meiner Pubertät, als ich schneller wuchs, als meine Eltern passende Kleidung nachkaufen konnten, hat man auch Büchen »auf Zuwachs« ein viel zu großes Kleid geschneidert, in das es erst noch hineinwachsen sollte. Mit

dem großen Wachstum war es vorbei, als die nahe Grenze endgültig die Flüchtlingsströme aufhielt. Heute verlieren sich 4900 Einwohner auf 16,85 Quadratkilometern, in weit auseinanderliegenden Wohnhäusern, als hätte ein Riese Bauklötze übers Land verstreut. Jeder Büchener hat damit siebenmal soviel Platz wie ein Hamburger. Bebaut ist das Land, das für eine ordentliche Stadt gereicht hätte, mit einem Konglomerat dessen, was Bauherren so für geschmackvoll halten.
Während der drei Jahre, die ich hier früher lebte, habe ich auch einige Gemeinderatssitzungen besucht, sofern sie öffentlich waren, und das waren sie selten, denn man liebte es nicht, wenn die Gemeinde ihren Gemeindevertretern auf die Finger schaute. Hätte ich damals Interesse und Können für das Schreiben drastisch-humoriger Volksstükke besessen, ich hätte im Büchener Gemeinderat aus dem vollen schöpfen können. Da wurde über das Gemeinwohl manches Mal so intensiv nachgedacht, daß einige Gemeindevertreter darüber einschliefen. Ihr seliger Dämmerzustand änderte aber nichts an ihrer Urteilsfähigkeit, wenn es zur Abstimmung kam. Vorher waren die wichtigsten Beschlüsse wahrscheinlich ohnehin im Schlachterladen eines einflußreichen Gemeindevertreters ausgekungelt worden, zwischen Eisbein und Grützwurst. Kam es zur Abstimmung, stieß ein Amtskollege den müden Parteifreund an, und der wußte dann schon, wie er abzustimmen hatte. Diskussionen und Meinungsstreit, Elemente bürgernaher Politik, gab es so gut wie nie. Man war sich in den Grundfragen einig, ob CDU, SPD oder Wählergemeinschaft.

Die gute Fee vom Büchener Bahnhof

Als ich mit meinem Fahrrad plötzlich vor Joachim stehe, bekommt der ganz große Augen und will offenbar gar nicht glauben, wer da auf zwei Rädern angerollt kommt. Lange Zeit hat er mich nicht mehr gesehen, auf einem Fahrrad noch nie. Ehe ich 1977 aus Büchen fortzog, hatte ich hier ein paar Jahre gelebt und gearbeitet. Mit Joachim und seiner Frau Heike hatte ich Mitte der Siebziger diesen Ort politisch verändern wollen. Wir sammelten Unterschriften gegen den Putsch in Chile, stritten uns mit dem Gemeinderat um ein Jugendzentrum und verlangten die Entfernung eines Gedenksteines vom Büchener Bahnhof, dessen Inschrift auch heute noch verkündet, daß sich die Urheber niemals mit der Dreiteilung Deutschlands abfinden werden.

Umsonst. Auf dem Büchener Bahnhof sorgt der Stein auch heute noch für politisches Kolorit, wenn viermal pro Tag die Züge aus der DDR hier halten.

Erst die Nachkriegsrolle der Eisenbahnverbindung Hamburg–Berlin half Büchen aus der Anonymität. Seit 1949 kennt zumindest namentlich derjenige den Ort, der mit der Bahn aus Berlin kommt oder dorthin will. Bis zu dieser Zeit ruhte der Eisenbahnverkehr, nachdem der Bahnhof in den letzten Kriegstagen noch schwere Bombentreffer erhielt.

Auf dem Bahnsteig ist es ruhig. Die Sonne knallt auf die quadratischen Steinfliesen, reflektiert von den Gleisen und Schwellen. In Bodennähe flimmert die heiße Luft, löst die Konturen, und mir kommen assoziative Filmbilder in den Sinn. »Spiel mir das Lied vom Tod«, die Anfangsszene, wo die Desperados Charles Bronson am Bahnhof erwarten. Auf Büchens Bahnhofsgelände liegen Schuppen, Bahnsteig und Gebäude da wie Filmkulissen, kein Mensch läßt sich blicken. Der Eisenbahner hinterm Schalter, der sich in der schattigen Halle trotzdem ständig mit dem Taschentuch über die schweißnasse Stirn fährt, paßt auch in die Szene. Nur fünfzig Meter weiter, in der Mitte des Bahnsteigs, sitzt auf einer Holzbank vor dem Pavillon des Deutschen Roten Kreuzes eine kleine rundliche Frau, die so gar nicht ins Bild gehört. Also Klappe, Szene aus.

Weiße Hose, weißer Kittel, weiße Haube. Aus der omoweißen Leinenpracht ragen nur zwei kräftige Arme und ein volles Gesicht heraus. Ilse Benn, 65, ist Mutterwärme schlichthin. Die lebenslustige Schwester vom Roten Kreuz lacht gern. Freut sie sich über einen Witz besonders, dann schlägt sie sich mit der flachen Hand auf ihren Oberschenkel, daß es nur so klatscht.

Eigentlich wollte Ilse Benn Krankenschwester werden, erzählt sie mir. »Mein Traumberuf.« Der Traum vom Beruf mit Berufung scheiterte am Preis für Schwesternkleidung und Ausrüstung: 600 Reichsmark sollten ihre Eltern damals bezahlen, ein Vermögen, das sie nicht besaßen. »Und wenn, dann hätten sie es bestimmt nicht dafür ausgegeben.« Also ging sie wie ihre meisten Schulkameradinnen

als Arbeiterin in eine Fabrik. Später kam sie dann durch ihre Schwiegermutter zum Roten Kreuz. »Drei Generationen Benn sind heut beim DRK«, sagt sie stolz, »mein Enkelkind, mein Sohn und ich.«
Ilse Benn wartet auf den Nachmittagszug aus Leipzig. Zwei Körbe, gefüllt mit Apfelsinen, hat sie sich schon auf die Bank gestellt. Rollt der Zug schnaufend in den Bahnhof, nehmen zwei Kolleginnen mit ihr am Gleis Aufstellung, und Ilse reicht ihnen dann die Apfelsinen in den Waggon. Die beiden Schwestern, ältere Frauen wie sie, fahren im Zug bis Hamburg mit und »haben dabei alle Hände voll zu tun mit den Apelsinen«. Die Südfrüchte bekommen ausschließlich Reisende aus der DDR. »Die kennen so was ja nur aus dem Westfernsehen«, glaubt Schwester Benn. Kaffee schenken ihre Kolleginnen auch aus, aber den erhalten alle Fahrgäste, egal, woher sie kommen.
Während die barmherzigen Samariter in den Abteilen schon Apfelsinen und Kaffee an Mann und Frau bringen, hilft Schwester Benn DDR-Rentnern beim Ein- und Aussteigen, schleppt unermüdlich Koffer für die gebrechlichen Alten, die kaum älter sind als sie. »Die sind so dankbar«, sagt sie. Zum Beweis ihrer Behauptung zeigt sie mir im Bungalow des Deutschen Roten Kreuzes auf dem Bahnsteig ihre »Andenkenecke«. In einer Wandecke des Aufenthaltsraumes hängen kleine Mitbringsel »dankbarer Menschen aus der DDR«: gehäkelte Topflappen in allen erdenklichen Farben und Formen, kupfergetriebene Stadtansichten aus Magdeburg, Leipzig, Dresden.
Am Abend fahre ich mit Joachim nach Escheburg. Der kleine Ort liegt vor der Haustür Hamburgs, nur ein paar Kilometer entfernt. Trotzdem gehört er zum »Zonenrandgebiet«. In diesem etwa vierzig Kilometer breiten Streifen von der Grenze erhalten Unternehmen eine ganze Reihe

von Privilegien. Ob steuerliche Vergünstigungen, Investitionszulagen, zinsverbilligte Kredite, Bürgschaften, Frachthilfen oder die kostenlose Erschließung von Industriegelände. Nicht immer ergibt die Festlegung des »Zonenrandgebietes«, quasi per Kilometerzähler, einen Sinn. Escheburg zum Beispiel unterliegt mit Sicherheit eher den strukturellen Einflüssen der Millionenstadt Hamburg als denen der viel weiter entfernten Grenze. Trotzdem kassieren Escheburgs Unternehmen aus dem Topf »Zonenrandförderung« für einen Standortnachteil, den es nur auf dem Papier gibt.
Joachim pfeift in seiner Freizeit als Schiedsrichter Fußballspiele. Escheburgs Alte Herren spielen gegen die von Siebeneichen. »Eine undankbare Aufgabe«, klagt Joachim, »denn die Alten wissen immer alles besser.« Weil jemand den Schlüssel für die nahe Schule vergessen hat, müssen sich die Mannschaften im Freien umziehen. Barfuß und in Unterhosen brabbeln alle durcheinander. »Heute mal kein Eigentor!« verlangt einer. Und ein anderer klagt über die plötzliche Absage eines Mitspielers: »Den Hexenschuß will er ausgerechnet erst kurz vor fünf bekommen haben.« Kurzfristige Ausfälle verlangen schnelle Improvisation: Die Mannschaftsaufstellung diskutieren die Siebeneichner erst kurz vor dem Anpfiff aus. Die schon etwas betagten Teams machen nicht gerade den Eindruck durchtrainierter Athleten. Doch Haarausfall und Schreibtischbäuche tun dem Spaß am Toreschießen offenbar keinen Abbruch. Vom Stellungsspiel beider Mannschaften sind nur Ansätze erkennbar, in dichtem Pulk hasten alle zwanzig Feldspieler übereifrig dem Ball hinterher, angefeuert von einem runden Dutzend Spielerfrauen.

Wieder unterwegs

Wieder unterwegs, mache ich von Büchen aus einen kleinen Umweg über Siebeneichen. Dort kann man mit einer Fähre ans andere Ufer des Elbe-Lübeck-Kanals übersetzen. Am Anleger ist niemand zu sehen. Mit einer Glocke soll man »bei Bedarf« nach der Fähre läuten. Das schrille Bimmeln holt den Fährmann hervor, der aus einem kleinen grauen Bauwagen klettert. Mit einem Blick auf mein bepacktes Fahrrad fragt er: »Ist das Gepäck schwer?« Ich verstehe den Sinn der Frage nicht. Ein Fahrrad, den Fährmann und mich wird die Autofähre wohl tragen, selbst wenn ich in meinen Satteltaschen Bleiplatten transportiere. Doch der Fährmann blickt noch immer auffordernd in mein Gesicht, als warte er auf eine Antwort. »Wieso?« frage ich schließlich. Statt mir eine Antwort zu geben, wendet er sich von der großen Motorfähre ab und winkt mich abseits zu einem grauen Ruderboot. »Damit leiste ich meinen Beitrag zum Energiesparen«, grinst er. Jetzt erst kapiere ich. Mit mächtigen Schlägen pullt er mich wortlos über den Elbe-Lübeck-Kanal.

Kilometerweit geht es auf holperigen Fußwegen am Wasser entlang. Dort, wo vor zwei Tagen der Sinti-Clan campierte, zeugt nur noch ein kleiner Haufen Holzkohle von ihrer Anwesenheit. Der im Jahre 1900 eröffnete Elbe-Lübeck-Kanal ist 59 Kilometer lang. Hohe Pappeln, alle in Reih und Glied, säumen das Ufer. Sie machen die Wasserstraße zu einer Allee. Solcherlei romantische Assoziationen werden kaum durch Lastkähne gestört. Die dürfen die Wasserstraße nur bis höchstens zwei Meter Tiefgang befahren. Darum tuckern überwiegend Sportboote darauf herum, deren Kapitäne mir gutgelaunt zuwinken. Der Ruf des Kanals als fischreiches Angelrevier ist längst schon berühmter als der des kürzesten Wasserweges von Hamburg nach Lübeck.
Der erste Regenguß erwischt mich ein paar Kilometer vor Lauenburg. Ich fahre so schnell ich kann, denn vor und hinter mir liegt flaches Land, ohne jede Chance auf einen Unterstand. Unnachsichtig schüttet es vom Himmel, wie aus einem Wasserwerfer. In Lauenburg diktieren meine müden Beine den Weg: Abwärts in die »malerische Altstadt« am Elbufer, für den steilen Aufstieg in die »Oberstadt« reicht ihre Kraft nicht aus. Unter dem Baldachin eines Ausflugslokals finde ich schießlich Unterschlupf.
Nach dem letzten Ring, den ein Tropfen in eine spiegelglatte Regenpfütze kräuselt, mache ich eine Stadtrundfahrt. Die Altstadt ist ein Juwel. Durchzogen von beuligen Kopfsteinpflastergassen, die mich auf dem Fahrrad durchschütteln wie ein Rüttelsieb, stehen am Straßenrand windschiefe Fachwerkhäuser, liebevoll restauriert. Natürlich haben auch hier Hobbywerker manches kostbares Eichenfachwerk mit Zementputz oder gelbem Klinker »verkleidet«, den alten Fassaden mit Kaufhausfenstern und Alutüren Stilbruch angetan, doch das ist die Ausnahme.
Einst war Lauenburg eine Stadt, in der die Binnenschiffer

den Ton angaben. Partikulierfamilien, die drei, vier und fünf Generationen lang nichts anderes betrieben als Schiffahrt auf Flüssen und Kanälen. Mit der Teilung Deutschlands war es damit vorbei. Transporte auf Elbe und Moldau in die Tschechoslowakei werden so gut wie ausschließlich von ČSSR-Schiffen gefahren. Fahrten in die DDR und sogar nach West-Berlin bestreiten zum großen Teil volkseigene Lastkähne aus dem sozialistischen Deutschland. Als ich vor ein paar Jahren für eine Reportage von der Quelle im Riesengebirge bis zur Mündung in die Nordsee die Elbe bereiste, habe ich zwischen Melnik – hier mündet die Moldau in die Elbe – und Magdeburg nicht einen westdeutschen Lastkahn gesehen. Auch der Traum Lauenburgs, einmal das »Wasserstraßenkreuz des Nordens« zu werden, wo Elbe-Lübeck-Kanal und Elbe-Seitenkanal mit der Elbe zu einer Drehscheibe der Binnenschiffahrt zusammenfließen, ist ausgeträumt, seit der Plan, den Elbe-Lübeck-Kanal zu einer vollwertigen Wasserstraße für das 1350-Tonnen-Europaschiff zu machen, verworfen wurde, weil nicht einmal die Betriebskosten erwirtschaftet werden könnten. Also begnügt man sich zwangsläufig damit, die Schiffahrt in erster Linie museal zu pflegen, mit Schiffahrtsmuseum, Elbschiffahrtstag und einem maritimen Oldtimer.

Er liegt am Fluß und ist der Stolz der Schifferstadt, der Schaufelraddampfer »Kaiser Wilhelm«. Ein schlanker, weißer Bootsleib mit zwei wuchtigen Radkästen, so alt wie unser Jahrhundert. Der alte Lauenburger Steamer ist der letzte kohlenbefeuerte Flußpersonendampfer in der Bundesrepublik. Daß es die »Kaiser Wilhelm« noch gibt, ist einem kleinen Verein von Schiffsnarren zu verdanken. Die haben das Schiff vor der Abwrackwerft gerettet und in Tausenden von Arbeitsstunden wieder flottgemacht.

Schon einen Tag, bevor der Raddampfer ablegt, muß ein

Freizeitheizer des »Vereins zur Förderung des Lauenburger Schiffahrtsmuseums« mit dem Befeuern des Kessels beginnen. Zentnerweise schippt er Kohle in den feuerschluckenden Magen des Schiffes. Schließlich pustet es dicke schwarze Wolken aus der schmalen Schornsteinröhre, die hölzernen Schaufelräder beginnen ächzend ihren Lauf, die schwarzgelbe Flagge Lauenburgs gibt ihre schlaffe Haltung am Mast auf und reißt im Fahrtwind unternehmungslustig an den Bändern wie ein ungestümer Hund. Die »Kaiser Wilhelm« dampft auf ihren wenigen Reisen bis nach Schnackenburg. Dort endet die Nostalgietour, dort endet der Landkreis Lüchow-Dannenberg, dort endet die Bundesrepublik.

Grenzfluß für 93 Kilometer: die Elbe

Hinter Lauenburg halte ich mich stromaufwärts am Elbufer. Auf 93 Kilometern Länge ist die Elbe nun Grenzfluß. Wo die Grenzlinie allerdings genau verläuft, darüber streitet sich seit Jahren die gemeinsame Grenzkommission beider deutscher Staaten. Für die DDR ist die Strommitte der Punkt, an dem sich Deutschlands Geister scheiden, für die Bundesregierung ist es das östliche Ufer. Aber auch darin sind sich bei uns nicht alle einig. Die SPD hält es in diesem Punkt mit den »Genossen« von drüben, zum Verdruß der Unionspolitiker. Für Heinrich Windelen, Bundesminister für innerdeutsche Beziehungen, betätigt sich die SPD in der Grenzfrage sogar »zunehmend als Interessenvertreter der DDR«.

Schuld an der bislang ergebnislosen Suche nach dem wirklichen Grenzverlauf sind die Siegermächte. Sie beschlossen laut »Londoner Protokoll« die Grenzziehung der »Eastern zone« entlang der alten Landesgrenze Mecklenburgs zur preußischen Provinz Hannover. Und da fängt das Dilemma an: Dementsprechend müßte die Grenze auf etwa

44 Kilometern in der Flußmitte, etwa 46 Kilometern auf östlicher und schließlich sogar ein paar Kilometern auf westlicher Elbseite verlaufen. Auf einer dem Protokoll hinzugefügten Karte im Mini-Maßstab 1:1 600 00 hat man die Grenze dagegen am gesamten Elbverlauf östlich eingetragen. Nach kleineren Gebietstauschereien kurz nach Kriegsende gehörte dann auch bald alles östlich der Elbe gelegene Land zur Sowjetzone, alles westlich gelegene zur britischen Zone. An dem Widerspruch zwischen Protokoll und Karte änderte dies jedoch nichts.
Für die Bewohner diesseits der Elbe ist dieser Streit eher akademischer Natur. So oder so können sie von Stromkilometer 472,6 bis Stromkilometer 566,3 nicht in der Elbe baden, bleiben ihre Fähranleger verwaist, ihre Bahnstrekken unterbrochen, ihre Brücken zerstört. Nicht einmal die Scham würde er vertreiben, mit der man die Grenze aus den Fremdenverkehrsprospekten für den Naturpark Elbufer-Drawehn hinausgeschwiegen hat. Die Grenze, ob Flußmitte oder östliches Ufer, sie scheint den Fremdenverkehrsstrategen eher hinderlich beim Anlocken von Touristen. Dabei kommen die meisten – Heerscharen von Berlinern – doch gerade wegen der Grenznähe. Denn die macht die Landschaft westlich der Elbe für sie erst attraktiv. Auf ihrer Flucht aus der Mauerstadt in die Freizeit ist jede Minute kostbar, die Anfahrt zu den westdeutschen Erholungsgebieten ist sowieso schon lang genug. Und über die Autobahn dauert es nach Bleckede höchstens vier Stunden, das ist auf einer Backe abgefahren.
Berliner Wochenendurlauber haben an diesem Freitagabend auch alle Gasthofbetten Bleckedes belegt, ein freies, so meint ein Wirt, werde ich wohl erst zwei Kilometer hinter Bleckede, in Altwindischthun, bekommen. Die Sonne ist bereits am Horizont versunken, es dämmert. Ich trete ordentlich in die Pedale, denn bei Dunkelheit ist es

Bauernweisheit bei Hitzacker im Bezirk Lüchow-Dannenberg. Mit den Auseinandersetzungen um das Atommüllager kamen viele Alternative in den beschaulichen Landkreis.

mir mit dem Fahrrad auf Landstraßen zu gefährlich. Rücksichtslose Autofahrer jagen derart dicht an meinem bepackten Rad vorbei, daß ich vom Fahrtwind ins Schwanken gerate und es mit der Angst bekomme. Sicherheitshalber wechsel ich die Straßenseite und fahre auf dem sicheren Fußweg am Deich entlang. Dahinter rattert und knattert es mit ohrenbetäubendem Lärm. Es klingt wie das Anlaufen der alten »Kaiser Wilhelm«, deren Wasserräder mit rasselnden Lauten ihre Arbeit aufnehmen. Aber die sah ich ja erst vor ein paar Stunden fest vertäut am Anleger in Lauenburg, ohne den kleinsten Krümel Kohle im Kessel. Neugierig gehe ich um den Erdwall herum. Da steuert mit infernalischem Getöse ein gewaltiges Ungeheuer direkt auf mich zu. Ächzend und stöhnend, dabei gierig mit den Zähnen seines gewaltigen Mauls klappernd. Leuchtendfunkelnde Augen strahlen mich hypnotisierend an. Rauchwolken steigen aus dem Drachenmaul. Kreischend, rasselnd, heulend kommt das Monstrum näher.
Als ich vorsichtig den gehobenen Arm von den geblendeten Augen nehme, ist der Spuk bereits vorbei, hat zwei, drei Meter vor mir im rechten Winkel abgedreht. Auf einem uralten Claas-Mähdrescher, dessen Messerrad wie der Rachen eines Ungeheuers seine Schneiden ins Korn schlägt, hängt mit grimmigem Gesicht ein alter Bauer. Zwei Scheinwerfer – die hypnotisierenden Augen – leuchten ihm in der Dämmerung den Weg durchs hochstehende Getreide. Der rostige, halbzerfressene Apparat rumpelt durch den Weizen, klopft das Korn aus den Halmen und die Kraft aus dem Bauern. Langsam erhole ich mich von dem Schreck. Als Anfang unseres Jahrhunderts auf amerikanischen Feldern die ersten dampfgetriebenen Mähmaschinen auf stählernen Walzen durch das Korn rollten, sollen Landarbeiter vor Schreck über die wie Urweltelefanten anmutenden Kolosse die Flucht ergriffen haben.

In Bleckede

Wo vor Heinrich Rehbeins »Fährhaus« an der Mündung des Bleckeder Hafens in die Elbe ein großer Platz für Dutzende von Autos angelegt wurde und ein braunes Hinweisschild mit Elbkarte demonstrativ verkündet: »Auch Bleckede wurde geteilt«, sagen sich wochentags Fuchs und Hase gute Nacht. Am Wochenende aber stehen die Autos dicht an dicht: Bewaffnet mit Fotoapparaten und Ferngläsern rücken Besucher an, um mal einen Blick nach drüben zu werfen. Da knipst der Tourist mit der Pentacon-Kamera von Photo-Porst den Grenzposten, der mit der Pentacon-Kamera vom Stasi gerade ihn knipst. Und drüben stellt ein Aufklärer sein Zeiss-Glas (Jena) scharf auf den Grenztouristen, der hüben sein Zeiss-Glas (Oberkochen) gerade auf ihn scharfstellt.

Den alten Mann am Bootsverleih, dessen Tretboote nur noch selten ausgeliehen werden, seit sie den Bleckeder Hafen nicht mehr verlassen dürfen, läßt aller Trubel kalt. Als ich ihn jedoch frage, ob der Fluß nicht schon immer eine natürliche Grenze gewesen sei, protestiert er tempe-

ramentvoll: »Nein! Früher sind wir oft drüben gewesen. Zum Tanzvergnügen, zum Einkaufen oder zum Schützenfest. Da hatte der Rehbein doch noch seine Fähre hier liegen.« Nein, eine Grenze sei der Fluß erst jetzt.
Natürliche Grenze. Gibt es so etwas überhaupt? Sind nicht alle Grenzen von Menschenhand geschaffen und daher künstlich? Die zum sozialistischen Deutschland, anknüpfend an alte Landesgrenzen, pikanterweise sogar nach Feudalistenhändeln. Was gemeinhin als »natürliche Grenze« bezeichnet wird, sind eher natürliche Barrieren: eine tiefe Schlucht, ein breiter Fluß, ein steiler Berg. Unüberwindbar sind solche Barrieren nicht. Über Schluchten bauen Menschen Brücken, Flüsse überqueren sie mit dem Schiff, durch Berge bohren sie Tunnel. Aber Grenzen. Diese hier ist ein Bollwerk, so gut wie unüberwindbar. Dreißig schafften es im letzten Jahr. Dreißig auf 1393 Kilometer Länge.
Bei der Kilometerangabe der Grenzlänge bin ich mir allmählich gar nicht mehr so sicher. Überall lese ich etwas anderes. Für den »stern« ist die Grenze 1393 Kilometer lang, eine andere Zeitschrift gab die Länge mit 1386 Kilometer an. Die Grenze, ein dehnbarer Begriff? Anscheinend, denn nicht einmal der Bundesgrenzschutz (1394 Kilometer) ist einig mit den Landesbroschüren zum Grenzverlauf aus Schleswig-Holstein, Niedersachsen, Hessen und Bayern (1393 Kilometer).
Als ich mir im »Heimathaus« Bleckede neben der Grenzausstellung noch die Zeugnisse regionaler Geschichte ansehe, stoße ich auch auf die düstere Darstellung einer Erschießung. Geschickt mixt der Bildtext Historisches mit dem Glauben an eine Wiedervereinigung: »Dieses Bild, eine Szene aus dem Jahre 1813, steht in engster Beziehung zu unserer heutigen Situation. Damals war unser linkselbisches Gebiet von den Franzosen besetzt, die das Überset-

zen über die Elbe bei Todesstrafe verboten hatten. Der Fährknecht Sesse setzte trotz des Verbots eine kranke Mitbürgerin über, um sie zum Arzt zu bringen. Seine hilfreiche Tat wurde verraten; seine Erschießung durch ein französisches Peloton zeigt dieses Bild. Nachdem die Elbe Zonengrenze geworden war, wurde der Fährmann Röhrup aus Alt-Garge, als er Flüchtlinge übersetzen wollte, am rechten Elbufer festgenommen und inhaftiert. Er ist im Sommer 1949 im Lager Sachsenhausen bei Oranienburg an Tbc gestorben. Die Situation mag unseren Vorfahren 1813 genauso ausweglos erschienen sein, wie uns heute. So, wie damals die Grenze nicht Grenze geblieben, sondern wieder Bindeglied zwischen den beiden zusammengehörenden Teilen eines Landes geworden ist, dürfen und müssen wir hoffen, daß eines Tages auch für uns die Wiedervereinigung kommt.«
An eine Wiedervereinigung glaubt an der Stromgrenze indessen niemand mehr so recht. Nicht die Buchhändlerin in Bleckede, bei der ich mir Reiselektüre kaufe, nicht der Optiker, der an meinem Fotoapparat einen Defekt feststellt, und auch nicht der alte Bootsverleiher. »Wie sollte das wohl eintreten?« fragt er mich und gibt auf mein Achselzucken selbst die Antwort: »Die Kommunisten werden ihr Land bestimmt nicht freiwillig an uns abtreten. Krieg wär aber wohl Selbstmord, oder?«
Den festen Glauben an ein grenzenloses, vereinigtes Deutschland propagieren politische Schlaumeier im Ministerrang trotzdem weiter unverdrossen, ob ihnen außer den Berufsvertriebenen noch jemand glaubt oder nicht. »Man muß diese Grenze einmal mit eigenen Augen gesehen haben«, rührt Niedersachsens Minister für Bundesangelegenheiten (inzwischen Innenminister), Wilfried Hasselmann, die Tränendrüsen der Leser von »Deutschland – diesseits und jenseits der Mauer«, der niedersächsischen

Grenzpostille, »um zu empfinden, wie unnormal die durch sie verursachte Teilung Deutschlands und Europas ist.« Damit auch jeder weiß, wo's langgeht, erzählt der Minister dann von seinen Wunschvorstellungen: »Und wem Deutschland und Europa nicht gleichgültig sind, der wird den Wunsch und die Verpflichtung spüren, diesen Zustand zu beenden. Dieses Empfinden unserer Bürger und ihr ständiges Eintreten für das Grundanliegen der Deutschen sind die Voraussetzung für die Überwindung der Teilung Deutschlands. Die Verfolgung von Rechtstiteln und die Verfechtung von Rechtstheorien allein genügen dazu nicht. Das Erlebnis der Grenze wie auch der Städte und Landschaften jenseits mit ihren Zeugnissen der Gemeinsamkeit stärkt das Gefühl der Zusammengehörigkeit und läßt uns bewußt werden, daß alle Deutschen einer Nation angehören. Die Überwindung dieser Grenze mit friedlichen politischen Mitteln ist der Kerngehalt der Wiedervereinigung Deutschlands. Und der Weg in ein geeintes Europa der Zukunft führt über ein in modernen organisatorischen Formen geeintes Deutschland.«
Nach der Lektüre spreche ich in Gedanken auf den Minister ein: Nein, Herr Hasselmann, mal im Ernst. So naiv können Sie doch gar nicht sein, daß Sie ernsthaft glauben, die DDR würde sich mit »friedlichen politischen« Methoden wiedervereinigen lassen. Wie sollte das wohl aussehen? Erich Honecker schwört dem Kommunismus ab und tritt in die SPD ein? Große Teile der Sozialistischen Einheitspartei Deutschlands folgen seinem Schritt und schwören plötzlich auf Sozialpartnerschaft? Selbst wenn, nicht einmal das könnten Sie ernsthaft wollen, denn dann wären die Sozialdemokraten in Ihrem herbeigesehnten neuen Deutschland eine unschlagbare Zweidrittelmehrheitspartei, Ihre CDU dagegen kaum mehr als eine konservative Splittergruppe.

Ein Spiel gegen die Langeweile am Wochenende: Mit ihren Booten umkreisen Jugendliche in Bleckede ihr ferngesteuertes Schiffsmodell.

Nur noch Hunde können ungefährdet in der Elbe baden. Längst ist der Strom zu einer Kloake verkommen.

Dann schon eher anders herum, Herr Hasselmann: Grüne und Rote steuern mit ihren Bündnissen zuerst auf Länderebene, schließlich sogar im Bundestag auf realsozialistisch-realökologischem Kurs in ein linkes Deutschland. Als sich die ehemals unversöhnlich gegenüberstehenden deutschen Staaten in den Grundpositionen nahegekommen sind, vereinigen sich beide Länder. Für den jährlich rotierenden Staatsratsvorsitzenden wird ein Katalysator-»Trabbi« in Langversion offizielle Nobelkarosse für Staatsempfänge, die Höchst AG wird in VEB Joschka Fischer umbenannt und Eduard von Schnitzler Pressesprecher der Regierung. Wollen Sie das, Herr Hasselmann? Aber der Foto-Hasselmann antwortet nicht, was er wirklich meint, bleibt Spekulation.
Nach Geschäftsschluß sind die samstagnachmittäglichen Straßen Bleckedes wie leergefegt. Nur ein unternehmungslustiger Hund läuft über den Asphalt, schnüffelt an Verkehrsschildern und Straßenlaternen, ehe er schließlich an die Klinkermauer einer verlassenen, zum Verkauf stehenden Bäckerei seine Duftmarke hinsetzt. In einer Seitenstraße messen sich zwei gelangweilte Jugendliche beim Armdrücken. Ihre Freunde feuern die Kontrahenten an. »Was soll man hier schon machen?« ist die lakonische Antwort auf meine offenbar dumme Frage.
Im Hafen verjagen ein paar Altersgenossen die Langeweile des Wochenendes auf andere Art: Heulend umkreisen die beiden außenbordergetreibenen Kunststoffboote die kleine ferngesteuerte Modellausgabe eines Polizeibootes. Immer enger werden die Kreise. Plötzlich gerät eine Welle durch die Nähe zum Modell doch zu groß. Gleich einer gewaltigen Flutwelle rennt sie seitlich gegen den blauen Rumpf des Polizeibootes, überschwappt die Aufbauten. Platsch. Das Modell schaukelt auf dem Rücken, hilflos surrt die ferngetriebene Schraube in der Luft, das Ganze

erinnert an eine auf dem Panzer liegende, strampelnde Schildkröte. »Idiot!« muß sich der vermeintlich Schuldige an der Schiffskatastrophe vom Eigner nennen lassen. Doch das Wrack ist bald geborgen, auf den Kopf gestellt, läuft es leer, kurze Zeit danach schaukelt es bereits wieder auf den Wellen. Das Spiel beginnt von neuem.

Ein paar Jahre älter, dann werden ihnen solche Spielchen nicht mehr die Langeweile vertreiben. Schon heute halten sie ihre Heimat für den »Arsch der Welt«. »Bloß weg«, lautet die Devise, »hier hast du eh keine Chancen.« Und so flüchten die 16- bis 20jährigen laut Umfrage hauptsächlich wegen unzureichender Bildungsmöglichkeiten und die 21- bis 34jährigen hauptsächlich wegen niedriger Löhne und der hohen Arbeitslosigkeit. Und weil es weder die moderne Discothek fürs Wochenende noch Kino, Theater oder Kunstausstellungen gibt, hält sie hier auch sonst nichts. Zurück bleiben die Alten. Das Land östlich Bleckedes ist heute hoffnungslos überaltert. Um die Landflucht zu sehen, benötige ich keinen Blick in die Statistik. In fast jedem Dorf stehen Häuser zum Verkauf. An der Schaufensterscheibe der Volksbank Bleckede kleben gleich reihenweise die Angebote von Immobilien.

Barskamps Friedhof ist ein Labyrinth. Irgendwo in diesem Irrgarten sollen zwei Grabsteine und die Gräber von 49 KZ-Häftlingen versteckt sein, die im Außenlager Alt-Garge des Konzentrationslagers Neuengamme durch Unterernährung und Folter starben. Vernichtung durch Arbeit. Über 500 Männer schufteten von August 1944 bis Februar 1945 an dem Bau eines Kraftwerks der Hamburgischen Elektrizitätswerke. Das Außenlager lag mitten im Ortskern, direkt vor den Augen der Alt-Garger.

Niemanden kann ich an diesem Tag auf Barskamps Friedhof nach den Gräbern fragen, nirgendwo pflegt jemand ein Grab, in der kleinen Kapelle ist auch kein Mensch, und

daher dauert es seine Zeit, ehe ich die Gräber zwischen mannshohen Hecken finde, verborgen in einer hinteren Ecke des Friedhofes. Man scheint sich dieser Toten zu schämen.
Seit einiger Zeit scheidet ein Gedenkstein für die ermordeten Häftlinge die Geister in Bleckede und dessen Ortsteil Alt-Garge. Einen solchen Stein forderten während einer Gedenkveranstaltung zum 40. Jahrestag der Auflösung des KZ-Außenlagers – Veranstalter war die Heimvolkshochschule – einstimmig die über hundert Teilnehmer. Es forderte ihn die Gedenkstätte Neuengamme und die Internationale Lagergemeinschaft des Konzentrationslagers Neuengamme. Es forderte ihn der Bund der Antifaschisten und einer der wenigen Überlebenden, der ehemalige Häftling Stanislaw Majewicz. Und es forderten ihn DKP und SPD. Auf eine Grünfläche wollten sie ihn stellen, genau gegenüber dem Platz, wo sich das Lager einst befunden hatte. Darüber waren sie sich einig, auch über die Inschrift, die er tragen sollte: »Auf dem gegenüberliegenden Platz bestand von August 1944 bis Februar 1945 ein Außenkommando des Konzentrationslagers Neuengamme/Hamburg. Von den etwa 500 Inhaftierten starben 49 Männer: 40 Polen, 4 Dänen, 2 Norweger, 1 Franzose, 1 Grieche, 1 Russe. Sie erlagen den unmenschlichen Bedingungen der Gefangenschaft im Lager und der Arbeit für den Bau eines Kraftwerkes. Die Toten fanden ihre letzte Ruhe auf dem Friedhof im benachbarten Barskamp. Das Leiden und Sterben dieser Menschen während der Zeit des Nationalsozialismus mahnt uns, für eine Welt des Friedens und der Menschlichkeit jede Anstrengung zu unternehmen.«
Doch diejenigen, die das Versteckspiel mit den ermordeten Häftlingen auf dem Barskamper Friedhof durch diesen Gedenkstein beenden wollten, waren nicht dieselben, die

darüber zu bestimmen hatten. Die Macht im Bleckeder Gemeinderat besitzt eine satte Mehrheit aus CDU und FDP. Und die wollte den Stein auf keinen Fall im Zentrum des Ortsteiles Alt-Garge, sondern auf dem Friedhof von Barskamp, wo schon, gut versteckt hinter mannshohen Hecken, die Ermordeten ruhen.

Im Juni 1985 wurde im Gemeinderat ein Antrag der SPD behandelt. Darin forderte man, den Gedenkstein in Alt-Garge nun endlich aufzustellen. Vor der Diskussion, und sicherlich mit kalkulierter Wirkung, verlas der CDU-Bürgermeister einen Auszug aus dem Brief des Alt-Garger Pastors, der dieser Sitzung »einen segensreichen Verlauf« wünschte und dann orakelte: »Ob es wirklich gut wäre, in Alt-Garge einen zusätzlichen Hinweis auf die Grabstätte des Barskamper Friedhofs anzubringen, halte ich im Augenblick immer noch für zweifelhaft! Es könnte zu einer unnötigen Erleichterung werden für junge Neonazis, auf dem Barskamper Friedhof Zerstörungen anzurichten. Diejenigen, die in aller Stille zu den Barskamper KZ-Gräbern kommen möchten, finden den Weg dahin immer noch am bescheidensten bei der Andacht am Volkstrauertag.« So eingestimmt, erklärte ein FDP-Gemeinderat: »Es gibt genügend Gedenkstätten solcher Art« und steuerte einen seiner Meinung nach besseren Vorschlag bei: Er wünsche sich eher einen Gedenkstein für die »verlorenen Ostgebiete«. Und überhaupt, wie kommt ein polnischer Staatsbürger dazu, sich anzumaßen, »hier bei uns eine Abstimmung über den Gedenkstein abzuhalten ... wenn der meint, uns etwas vorschreiben zu können, hätte er auch viele Möglichkeiten, etwas in Polen zu tun«. Ein CDU-Gemeinderat sah »keinen Sinn in dieser Maßnahme ... 41 Jahre nach der Lagerzeit« und fragte rhetorisch: »Wer will sein Gewissen hinter diesem Stein verstecken?« Ganz zum Schluß rief er noch einmal die eigenen Opfer in

Erinnerung: Schließlich sei er selbst Vertriebener. Man solle doch bedenken: Zwei Millionen Deutsche sind in Kriegsgefangenschaft verstorben, zwanzig Millionen wurden aus ihrer Heimat vertrieben.
Die Abstimmung war danach nur noch Formsache. Vier Gemeinderäte stimmten für den Stein in Alt-Garge, 13 dagegen. Für die schweigende Mehrheit in Bleckede war die Welt wieder in Ordnung. Endlich war Schluß mit dem »masochistisch zelebrierten lustvollen Wühlen in der Wunde der deutschen Geschichte«, das ein Leserbriefschreiber aus Alt-Garge in der »Lüneburger Zeitung« so bitter beklagte.

Lüchow-Dannenberg

Der Landschaftszipfel Lüchow-Dannenberg ragt wie ein spitzes Dreieck in das Fleisch der DDR, die Punkte Alpha, Beta, Gamma heißen Katemin, Schnackenburg, Gielau. Das »Ostpreußen der Bundesrepublik« ist gleichzeitig ihr Appendix. Zwei Seiten des Dreiecks liegen im Schlagschatten der Grenze, insgesamt 141 Kilometer. Also Vorsicht: Sackgasse, Weiterfahrt nur für Anlieger. Im Wendland, wo die Dörfer Namen wie Meudelfiz, Tiesmesland, Pommoissel oder Nieperfitz tragen und die Menschen Bauseneick, Glabbatz oder Gramüsch heißen, blühen Scharbockskraut und Salomonsiegel, reifen Walderdbeeren, Blaubeeren und Brombeeren, nisten Kranich, Sumpfohreule und Milan. So weit der Blick reicht, breiten sich sanfte Hügel aus, abgelöst von bewaldetem Flachland, durchsetzt von fingrigen Wasserläufen. Die Idylle ist mit vierzig Einwohnern pro Quadratkilometer der dünnbesiedeltste Landkreis der Bundesrepublik, nur eine einzige Ampel regelt hier den Verkehr. Gleichzeitig auch der storchenreichste, eindrucksvoller Gegenbeweis für die Behauptung, die Kinder kommen vom Klapperstorch. Das Land ist überaltet, die Jungen fliehen aus dem Land der Wenden, kein Wunder, liegt hier doch die Arbeitslosigkeit bei zwanzig Prozent und damit weit über dem Bundesdurchschnitt. Industrie gibt es wenig, ein Zweigwerk von Conti-Gummi mit etwa 200 Arbeitern in Dannenberg, eine Kugellagerfabrik mit 880 Arbeitern in Lüchow. Zusammen ist das schon die Hälfte der Industriearbeiterschaft des gesamten Landkreises, der Rest pendelt bis nach Hamburg. Früher haben die meisten, mehr als anderswo im Deutschen Reich, die NSDAP gewählt, heute gewinnt hier immer die CDU. Deren Wahlsiege sind so beständig wie der wirtschaftliche Niedergang und die Arbeitslosigkeit, beides ist im Wendland Dauerzustand.

Den weinerlichen Politikern, die in Sonntagsreden sporadisch der tapferen Frontstellung der Grenzländer gedenken, ist die Aussichtsstelle auf dem Dömitzer Brückenstumpf sogar eine neue Asphaltdecke für ein Teilstück der Anfahrt wert. Einst überbrückte die Reichsstraße 191 auf ihrem Weg von Celle nach Ludwigslust hier die Elbe. Bombentreffer in den letzten Kriegstagen zerstörten die Verbindung zwischen den wuchtigen Steinsockeln. Die Touristen, die ihre Wagen am Beginn der Auffahrt stehenlassen müssen, haben bis zum Aussichtspunkt über dem Elbstrom noch einige hundert Meter zu laufen. Mit dem Fahrrad komme ich rollend bis dorthin. Auf dem amputierten Brückenstumpf haben Schmierfinken Plattes und Tiefgründiges, Witziges und Reaktionäres in die rotweißgestreifte Blechtafel geritzt. »Ich hatte einst ein großes Vaterland« zum Beispiel. Darunter ein Hakenkreuz. Die Dömitzer Brücke ist eines der beliebtesten Fotomotive der modernen Grenze. Mit ihren gekappten Sockeln hat sie Symbolcharakter.

Früher, da war Dömitz ein wichtiger Elbübergang. Eine

Festung sicherte ihn. Hier verbrachte der Schriftsteller Fritz Reuter ein Jahr seiner siebenjährigen Haft, die »Festungstid«. Es war die Strafe dafür, daß er »am hellen, lichten Tage in den deutschen Farben Schwarz-Rot-Gold herumgegangen war«. Reuter nannte das sandige Land östlich der Elbe »griese Gegend«, und er hatte auch eine Geschichte dafür parat, warum es so mißlungen sei. Danach hatte Gott seinen Engeln erst gezeigt, wie man eine schöne Landschaft hinzaubert und die himmlischen Heerscharen danach selbst mal probieren lassen: »Michael nahm dat Amt Lübtheen und Grabow und Döms (Dömitz), äwer't würd ok dornah.« Schließlich meckerte Gott mit dem Erzengel: »Na, Lihrwark ist kein Meisterstück . . .Aewer was dat nu pure Fullheit, oder was das blote Daemlichkeit, sei huddelten doroewer hen un muddeelten wat taurecht und nemen nich naug Lehm mang den Sand . . .«

In Sichtweite der Dömitzer Straßenbrücke liegt flußabwärts die noch gründlicher amputierte Eisenbahnbrücke. Erst 1978 nahm man ihr den letzten Pfeiler, um den Schiffsverkehr gefahrloser passieren zu lassen. Auch die zerstörte Eisenbahnbrücke fungiert als Symbol: Mit der Grenzziehung wurden von einst 47 grenzüberschreitenden Schienensträngen vierzig zu Alteisen, und wo 1938 über 800 Schnellzugpaare vekehrten, fuhren vierzig Jahre später noch ganze 300. Seit 1945 fließt der deutsch-deutsche Eisenbahnverkehr auf dem Niveau zweier Zwergstaaten.

Der Tag geht zu Ende, Zeit für eine Unterkunft. Die nächste, wo Preis und Entfernung stimmen, liegt laut Bettenverzeichnis des Fremdenverkehrsverbandes in Brandleben. Es dauert eine Zeit, ehe ich das handgepinselte Schild mit der Aufschrift »Zimmer frei« entdecke. Im Hof der Pension arbeitet der Sohn der Wirtin. Ein Zimmer sei frei. Sicher. »Mutter, ein Gast.« Die Frau, so Anfang

Als wär's ein Bild aus alter Gorlebener Zeit: Doch das strahlende Atomzeitalter hat im wenige Kilometer entfernten Zwischenlager längst begonnen.

Fünfzig, die dann ihren Kopf aus dem Fenster steckt, macht bei meinem Anblick ein mürrisches Gesicht. Als könne sie selbst nicht sprechen, fungiert ihr Sohn als Mittler, obwohl zwischen uns höchstens fünf Meter Distanz liegen. »Der Herr möchte ein Zimmer für eine Nacht.« Nach diesem Satz verfinstert sich die Miene der Frau noch mehr. »Wir haben keines mehr frei«, knurrt sie, dreht sich um und verschwindet im Dunkel des Hauses. Unsicher steht ihr Sohn da, der mir eben noch ein freies Zimmer bestätigte. »Tut mir leid«, stammelt er. Ich merke, wie die Hitze langsam in mir hochkommt. Eine Weile schnürt mir die Wut die Stimme ab, aber dann lasse ich meinem Unmut freien Lauf. Der Junge läuft bei meiner Schimpfkanonade genauso rot an wie ich. »Eine Unverschämtheit«, werfe ich dem Unschuldigen in ungerechter Sippenhaftung noch an den Kopf, dann mache ich mich schnell auf die Räder, um vor Einbruch der Dunkelheit noch eine Bleibe zu finden.

Frieder Dohm, Wirt der »Kaminschänke«, ist ein unkomplizierter Mensch und, wie er behauptet, »immer geradeheraus«. »In Gorleben hören wir ständig dieselben Fragen«, sagt er, und bevor ich überhaupt gefragt habe, gibt er schon die Antwort: »Früher waren hier fast alle gegen das Atommüllager.« Dann sei der Bürgermeister als einer der ersten umgekippt und habe Land verkauft. Dabei sollte der eigentlich Vorbild sein. War er auch. Nach ihm verkauften noch eine Menge. Frieder gerät richtig in Fahrt: »Was es Gorleben brachte? Außer einem neuen Rathaus und einem neuen Bürgersteig wenig. Nur sechs Arbeiter aus Gorleben arbeiten im Lager.« In dieser Gegend läuft manches anders als anderswo, glaubt Frieder. »Ich habe als arbeitsloser Kellner schwarzgearbeitet. In einem Lokal gegenüber dem Arbeitsamt. Mittags habe ich die Angestellte bedient, die mein Arbeitslosengeld bewilligt hatte.

So was geht hier! Jeder hat so seine kleinen Geschäfte laufen. Wahrscheinlich haben die vom Arbeitsamt ihre Häuschen auch schwarz aufstellen lassen.«

Die Baustelle des geplanten Endlagers nahe Gorleben ist so gesichert, wie ich es bislang nur von Atomkraftwerken kannte. Drinnen observiert der Werkschutz für die gebotene Ruhe beim Bauen. Draußen umfahren VW-Busse der Polizei das Bollwerk. Ab und zu überfliegt ein Hubschrauber das Terrain. Ein leutseliger Wachmann erklärt mir bereitwillig, was sich hier abspielt. Hier werde demnächst »abgeteuft«, wie es bergmännisch heißt: Ein 7,50 Meter breiter Schacht wird in den Salzstock hinabgetrieben. In 700 bis 900 Meter Tiefe bohren Bergleute anschließend horizontale Stollen in den festen Salzstock. Diese bergmännische Erforschung der vorgesehenen Lagerstätte wird bis 1992 dauern. »Bis zum Ende der neunziger Jahre«, so hofft die mit den geologischen Arbeiten betraute Physikalisch-Technische Bundesanstalt (PTB) laut ihrer Werbebroschüre »PTB aktuell«, »ist die erste Einlagerung radioaktiver Abfälle möglich.«

Solcherlei Hoffnung ist allerdings nicht mehr als ein Schimmer, seit der Kieler Geologieprofessor Klaus Duphorn für die PTB ein Gutachten erstellte, in dem er das Verhalten des Salzstocks während der letzten zwei Millionen Jahre untersuchte. Bezahlt von der Bundesanstalt, stellte der Geologe bei seinen Untersuchungen fest, daß der Salzstock gar nicht so eine unbewegte Vergangenheit besitzt, wie es sich für eine Lagerstätte gehört, in der radioaktiver Müll einige hunderttausend Jahre ruhen muß, ohne unsere Umwelt zu gefährden.

Duphorn fand nämlich heraus, daß der Salzstock in den letzten 800 000 Jahren einmal bis an die Erdoberfläche, ein anderes Mal fast bis dahin durchgebrochen ist. Vier Kubikkilometer hat er ferner durch Wasserablaugung verloren.

Schließlich diagnostizierte der Professor noch eine Bruchzone im oberen Bereich. Die Schlußfolgerung, die seinen Brötchengebern vermutlich salzige Tränen in die Augen trieb: Er empfahl die Erkundung anderer Lagerstätten. Seinen Auftraggebern erklärte Duphorn auf ihre Ignoranz lakonisch: »Ein Salzstock läßt sich nicht politisch steuern; er bewegt sich meistens von allein.« Trotzdem wird in Gorleben weitergemacht, als sei nichts geschehen. Zu viele Milliarden stecken bereits im Projekt Gorleben. Da will die Atom-Lobby nicht mehr zurück.
Das längst in Betrieb genommene Atommüll-Zwischenlager, in Sichtweite der Endlager-Baustelle, ist eine Festung. Ein Erdwall verdeckt den Blick auf die Gebäude. Dahinter stellt eine Betonmauer für etwaige Eindringlinge das erste Hindernis dar. Wer das überwindet, klettert scharfen Schäferhunden geradezu in den Futternapf. In einer Laufschneise fallen sie über jeden her, der sich unerlaubt nähert. Dahinter sichert ein zweiter Zaun, ausgerüstet mit Infrarot-Warnsystem, das Lager. Wie erzählte mir am Vorabend doch Frieder Dohm: »Das Lager ist besser gesichert als Fort Knox, das wird bewacht wie die Grenze.«
Betrieben wird die wendländische Atommüll-Festung von der Brennelementelager Gorleben GmbH, einer Tochter der Deutschen Gesellschaft für Wiederaufarbeitung von Kernbrennstoffen mbH (DWK). Die wiederum ist eine Gründung der zwölf größten westdeutschen Stromerzeuger, darunter die Rheinisch-Westfälischen Elektrizitätswerke, das Bayernwerk und die Preußenelektra.
Erst das Titelbild einer BLG-Werbepostille – eine Luftaufnahme vom Zwischenlager – gibt mir einen Eindruck von den Dimensionen. Wie mit einer Kuchenform ausgestanzt, so steht inmitten von tiefem Kieferngrün das Fünfeck des Zwischenlagers, insgesamt elf Hektar Fläche. In zwei Hallen wird der Atommüll zwischengelagert. Maximale La-

gerkapazität: 40 000 Rollreifenfässer mit je 200 Litern »schwachradioaktivem Abfall«, zum Beispiel Handschuhe, Putzlappen, Plastikfolien, Einwegspritzen, Überschuhe, Schrotteile und Filtereinsätze, alles in Beton gegossen. Und 420 sogenannte »TN«- oder »Castor«-Behälter, in denen ausgediente Brennstäbe von Kernreaktoren auf ihre Wiederaufbereitung warten.
Das 24seitige Heftchen »Zwischenlager Gorleben« suggeriert Solidität, Sauberkeit und Ordnung. Auf den Seiten 12 und 13 (»Arbeitsplatz Zwischenlager«) demonstrieren strahlende Mitarbeiter in pieksauberer Arbeitskleidung auf Vierfarbfotos die Ungefährlichkeit der strahlenden Zeiten. Seit 1984 ist der Hochsicherheitstrakt im Grünen bereits in Betrieb, Grundstein eines anvisierten Zwölf-Milliarden-Abenteuers, das man phantasievoll mit »Entsorgungspark« und »Nuklear-Zentrum« umschrieb. Zu diesem nuklearen Verschiebebahnhof sollte neben dem Zwischen- und Endlager auch eine strahlensichere Festung mit 68 bombensicheren Betonbunkern entstehen – die Gebäude der Wiederaufbereitungsanlage. »Sie werden eine Baumasse haben«, rechnete der »Spiegel« aus, »wie 5000 niedersächsische Bauernhäuser.« Als Krone sollte das atomare Babylon eine Batterie von Schornsteinen zieren, der längste 200 Meter hoch.
Doch der Plan existiert nur noch in Akten, nicht mehr in Politikerköpfen. Ministerpräsident Albrecht, der das Projekt nach massiven Protesten (»Albrecht, wir kommen!«) für »politisch nicht mehr durchsetzbar« hielt, faßte einen anderen Ort im Wendland ins Auge. Die Begründung für das Abrücken von Gorleben war kurz und bündig: »Ich will keinen Bürgerkrieg.« Nur 25 Kilometer entfernt, so sein Plan, im Flecken Dragahn, könnte man die Atomfabrik ohne solchen Ärger aus dem Boden Lüchow-Dannenbergs stampfen.

Doch da irrte der Landesherr: Obwohl Wirtschaftsministerin Birgit Breuel durch »das Eldorado der Arbeitslosigkeit« (Frieder Dohm) eine Werbekampagne für den Atommüll-Schlucker startete und jedem Gegner die Verantwortung für den Abstieg Lüchow-Dannenberg in die »allgemeine Armut« unterschob, rückten tausend Demonstranten mit allerlei Viehzeug nach Hannover vor, errichteten eine »Arche Wendland«, pflanzten eine »Trutzeiche« und stellten hundert Holzkreuze am Landtag auf. Dazu blies der Posaunenchor Dannenberg den Herrschenden den Protestantenmarsch: »Ein feste Burg ist unser Gott . . .«
Der Gipfel der Ablehnung war schließlich die Abstimmung im Rat der Samtgemeinde Dannenberg, zu der Dragahn gehört: Mit 16 : 14 Stimmen wurde eine Standortprüfung abgelehnt. Unter den Gegnern auch Mitglieder der 18 Mann starken CDU-Fraktion. Als die DWK schließlich von dem geplanten Bau zweier Aufbereitungsanlagen abrückte, war es aus mit dem »größten und interessantesten Objekt für den Rest des Jahrhunderts« (Albrecht). Mit dessen Bauherren schlagen sich jetzt die Einwohner der oberpfälzischen Gemeinde Wackersdorf herum.
Der Mann hinter der Panzerscheibe hat offenbar meine Frage nicht verstanden. »Kann man das Zwischenlager besichtigen?« wiederhole ich sie deshalb, so deutlich es durch eine Glasscheibe geht. Er sieht mich entgeistert von unten bis oben an. Sein Gesicht ist eine Offenbarung. Das Kräuseln der Stirn, ein leichtes Beben der Nasenflügel, das energisch vortretende Kinn, die zusammengepreßten Lippen. Ich höre förmlich, wie er in seinem Innern zu sich spricht: »Mit solchen Typen müssen wir hier unsere Zeit vergeuden. Heute führen wir sie durchs Lager, morgen stehen sie mit Transparenten und Flugblättern vorm Tor.« Doch das alles sagt er nicht, statt dessen militärisch knapp: »Sechs Wochen vorher anmelden. Schriftlich!«

Der gelackte Typ im »Informationshaus« der Brennelementelager Gorleben GmbH, in der Dorfmitte neu erbaut, muß bei meinem Anblick ähnliches denken, jedenfalls will auch er mich nicht hineinlassen. Die hinter folkloristisch gestylten Fachwerkmauern drinnen von Modell zu Modell ziehen und sich die Ungefährlichkeit des Endlagers demonstrieren lassen, seien »zu einer privaten Führung angemeldet gewesen«, behauptet er. Daß ich dennoch hineinkomme, verdanke ich meinem Presseausweis. Zu meiner Überraschung stoße ich drinnen auf einen weiteren Fremdkörper. Markus heißt er, kommt aus Berlin, trägt ausgewaschene, geflickte Jeans und dicke, klobige Bergwanderstiefel. Mit Hilfe des »Wendländischen Wanderbuchs« zieht er seit ein paar Tagen durch Lüchow-Dannenberg, schläft im Schlafsack unter freiem Himmel, »um die Enge Berlins einmal gründlich abzustreifen«. Als jemand aus der Besuchergruppe für einen Moment das Informationshaus verließ, ist er schnell hineingeschlüpft. An jedem Modell unterbricht er die geschliffenen Reden des Führers und stellt knifflige Fragen. Aus dem Hintergrund genieße ich feixend, wie der abgerissene Chemiestudent den Lackaffen vom Brennelementelager Punkt für Punkt auszählt. Als Markus ihn zum Schluß nach der Toilette fragt, revanchiert der sich mit einem Witz: »Wenigstens in der menschlichen Entsorgung haben wir Ihr Vertrauen.«

Mit einer Behendigkeit, die ich dem kleinen, korpulenten Mann überhaupt nicht zugetraut hätte, hüpft er am ehemaligen Fähranleger in Gorleben wie eine Springmaus herum. Seine Hände malen Wellen in die träge dahinfließende Elbe, rammen mit den Fingerspitzen der rechten Hand – nun offenbar als Schiffe – die Handfläche der linken und fahren dann als Sonnenschutz über die Augen, als mime er einen Wachposten. Ich verstehe nur Gesprächsfetzen wie

Ein Bauer treibt sein Vieh von der Weide über die Elbuferstraße zum Melken in den Stall.

Wenn die kleine Jahresernte Wein die wenigen Flaschen füllt, feiert die Stadt Hitzakker mit dem nördlichsten Weinberg der Republik ihr Weinfest – stilecht mit Männergesangverein und Weinprinzessin.

Als der Widerstand gegen das Atommüllager Gorleben seinen Höhepunkt erreichte, glichen viele Läden im Landkreis Informationsbüros der Bürgerinitiative.

»Seeschlacht« und »Weltkrieg«, kriegerische Worte in dieser friedlichen Gegend.
»Willi«, stellt er sich vor, früher war er hier Landarbeiter, jetzt sei er hier auf einem Ausflug. Ja, ich habe richtig gehört, hier tobte vor etwa zwanzig Jahren eine Seeschlacht, da hätte leicht ein Krieg draus werden können. An den Tag kann er sich noch genau erinnern, es war am 18. Oktober 1966.
Was sich damals als »Seeschlacht von Gorleben« ereignete, war fünf Jahre nach der Kubakrise, als sich die Erde am Rande eines dritten Weltkriegs befand, ein militärischer Konflikt, der nach Meinung des anwesenden englischen Generalmajors Mike Strickland ebenfalls hätte »leicht einen dritten Weltkrieg auslösen können«.
Ursache war die unterschiedliche Meinung zum Grenzverlauf. Damals schickte das Wasser- und Schiffahrtsamt Hamburg sein Vermessungsschiff »Kugelbake« stromaufwärts, um oberhalb Lauenburgs die Fahrrinne ausloten zu lassen. Spülsand verändert immer wieder den Verlauf des Fahrstroms. Daher muß er alle zwei Jahre neu vermessen werden. Die DDR gab telegrafisch ihr Okay, und so startete die »Kugelbake« ihren Zickzackkurs von Ufer zu Ufer, um den genauen Tiefenverlauf der Elbe zu ermitteln.
Etwa zur selben Zeit tuckerte das DDR-Vermessungschiff »Lenzen« stromabwärts auf ähnlichem Schlingerkurs von Ufer zu Ufer, um ebenfalls Echolot-Messungen durchzuführen. Bis bundesdeutsche Zollboote die Flußfahrt stoppten. Ausgehend von der Auffassung, daß das ostdeutsche Ufer die Grenze darstellt, sei die »Lenzen« zu ihrem Kurs von Ufer zu Ufer gar nicht berechtigt, erklärte man der Besatzung den Grund für die jähe Beendigung ihrer Schiffstour. Es dauerte nicht lange, da widerrief die DDR ihrerseits die Genehmigung für die »Kugelbake«. Mehrmalige Versuche, die Elbe dennoch zu vermessen, scheiterten an

den »Grauen« der DDR. Die schnellen Boote bildeten eine Schiffswand in der Strommitte, die »Kugelbake« mußte abdrehen. Entnervt weigerte sich schließlich die Besatzung, es mit Gewalt zu versuchen. Dafür hatten die Männer guten Grund, denn im August 1965 war es schon einmal zu einem Zwischenfall gekommen, in dessen Verlauf vier Maschinengewehrsalven auf die »Kugelbake« abgefeuert wurden. Zehn Kugeln trafen den Schiffsrumpf, zum Glück wurde niemand verletzt.
Die Briten, die sich als Besatzungsmacht noch immer für die Hauptverantwortlichen bei der Sicherung der Grenze hielten, drängten auf eine schnelle Lösung des Konfliktes. Sie teilten zwar nicht die bundesdeutsche Auffassung vom Ostufer als Grenze, sahen in der Blockade des Vermessungsschiffes aber ein Gewohnheitsrecht verletzt. Ein mündlicher Protest beim sowjetischen Generalstabschef wurde abgewiesen: Dafür sei die DDR zuständig.
Auf die Forderung der Briten, die Vermessungsarbeiten der »Kugelbake« notfalls auch mit Gewalt fortzusetzen, wurde man im Bonner Verkehrsministerium nach Aussage des englischen Korrespondenten David Shears (»The Daily Telegraph«) »blaß vor Schrecken«. Daß die Regierung Erhardt schließlich doch zustimmte, lag laut Shears vor allem am Minister für Gesamtdeutsche Fragen, Erich Mende, der die britische Position mit Nachdruck unterstützt habe.
So fanden sich am Tag des geplanten Coups drei Offiziere im Generalsrang im Dörfchen Gorleben ein. Englische Centurion-Panzer, zwölf Panzerspähwagen, Hubschrauber, Zollboote, zwei Pontonboote, dazu zwei englische Bataillone und ein Grenzschutzbataillon verwandelten die Gegend in ein Heerlager. Gegen 14.15 Uhr begann die »Seeschlacht«, deren Strategie Bundesgrenzschutzgeneral Müller entwickelt hatte, wobei dem ehemaligen Panzer-

kommandeur Hitlers seine »Erfahrungen aus der Panzerschlacht in Nordafrika zugute« kamen.
Zwei Armadas westlicher Boote fuhren von den Flanken der DDR-Bootskette (14 Boote) parallel dazu aufeinander los. Ehe sich die beiden Flottillenführer erreichten, sollten alle Boote ostwärts beidrehen, die Linie der »Grauen« durchbrechen und damit den Weg für die »Kugelbake« freiräumen. Doch schon die Bug- und Heckwellen der westdeutschen Boote drückten die DDR-Schiffe an deren Ufer zwischen die Buhnen. Wo die Wasserkraft nicht reichte, halfen die Stahlrümpfe der bundesdeutschen Boote nach. Holz splitterte, es rumste einige Male, nach einigen Minuten heillosen Durcheinanders war die Flotte der DDR am eigenen Ufer eingeklemmt. Die »Kugelbake« setzte ihren Zickzackkurs zum Vermessen fort.
Was sich wie ein militärisches Kabinettstückchen liest, hätte, ungeachtet der Lächerlichkeit des Anlasses, leicht der Ausgangspunkt eines gefährlichen militärischen Konfliktes werden können. Kriege entstanden schon aus nichtigeren Anlässen. Glücklicherweise schien die Regierung der DDR ihren Soldaten strenge Anweisung gegeben zu haben, auf keinen Fall von der Schußwaffe Gebrauch zu machen. Kurze Zeit nach der »Seeschlacht« von Gorleben beruhigte sich das Leben wieder. Stillschweigend duldete seitdem auch die Bundesrepublik Vermessungsfahrten der »Lenzen«.
Am alten Rathaus von Gartow verkündet eine Inschrift stolz, daß Karl May im April und Mai 1898 hier wohnte. Woher würde der Märchenerzähler aus Dresden, dessen Abenteuerromane ich als Kind einen nach dem anderen mit glühenden Wangen der Aufregung gelesen habe, wohl die Anregungen für seine Abenteuergeschichten nehmen, käme er heutzutage ins Wendland? Aus den Kämpfen um das Atommüllager Gorleben, von der Seeschlacht auf der

Priwall, Grenze

▼ Priwall, Kiosk

▼ Priwall, Strand

▲ Westparole

▲ Dorfkinder

Fischer Buuck …

▼ … am DDR-Ufer

▼ … froh über guten Fang

▲ Lauscher der Bundespost

▲ Auf der »Mecklenburg«

Rotkreuzhelferin Ben

▼ ... hilft schleppen

▼ ... mit Kolleginnen

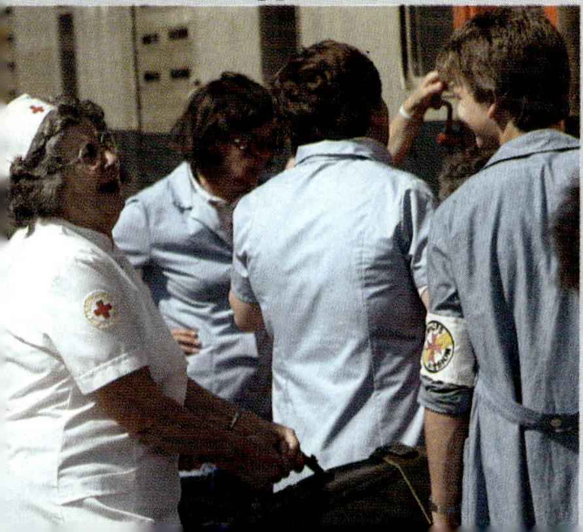

▲ Zöllner auf Grenztour

▼ Dömitzer Brücke

▲ Fischer vor Schnackenburg ▼ Angler vor Gartow

▲ Landwirtin Anne

▲ Idylle und Widerstand

Elbe vor Schnackenburg

▼ Zöllner bei Schnackenburg

▼ Symbol der Teilung

▲ Flaues Geschäft in Bleckede

▲ Kampf gegen Wochenendlangeweile

▼ Die andere Elbseite

▼ Atommüll-Bewacher

▲ Bäuerin in Kapern ▼ Hinterm Grenzzaun in Zicherie

Elbe, aus den tragischen Ereignissen im Konzentrationslager Alt-Garge oder aus den zahllosen Grenzgeschichten?
Hinter der restaurierten Fassade des alten Gebäudes hat sich die DWK eingenistet. Das heruntergekommene Haus haben die spendablen Entsorger für 100 000 Mark renoviert und dann von der Gemeinde gemietet. Drinnen gibt ein freundlicher Mann Auskunft über die strahlende Zukunft Gorlebens. Die steife Haltung in dem Kaufhaus-Jackett und die viel zu kurz geknotete Krawatte, die mehr als eine Handbreit über dem Hosengurt endet, verraten einen Mann, dessen angestammte Arbeitskleidung eher Blaumann oder Overall als Schlips und Kragen ist. Tatsächlich ist der Führer durch die »Informationsstelle des Bundes zur nuklearen Entsorgung« gelernter Tischler. Lange arbeitslos, griff er ohne Überlegung zu, als ihm dieser Job angeboten wurde. »Obwohl mich die Leute in meinem Heimatdorf jetzt schief ansehen«, räumt er ein, denn die meinen, er habe sich kaufen lassen.
Er macht seine Arbeit gut und will mich nicht unbedingt von der Ungefährlichkeit der Endlagerung überzeugen, eher von der großen Verantwortung, »der man sich voll bewußt sei«. Da ist viel von Akzeptanz die Rede, ein verständiges Einräumen für die Bedenken der Kernkraftgegner ist auch noch drin, und überhaupt: Man sei ja noch beim Prüfen. Bislang sei nichts entschieden. Erst wenn die Schächte abgeteuft und der Salzstock auch horizontal erforscht sei, würde man sich entscheiden.
Um zumindest die Freizeitpolitiker bis dahin (1998) bei der Stange zu halten, hat die DWK der Samtgemeinde Gartow einmalig fünf Millionen Mark für allen Ärger überwiesen, jedes Jahr geht eine weitere Million aufs Gemeindekonto. Der Rubel rollt. Abseits der großen Verkehrswege, »am Arsch der Welt« (Bürgerinitiative), waren wendländische

Feierabendpolitiker mit einemmal wichtige Gesprächspartner. Helmut Schmidt, damals noch Bundeskanzler, ließ sich zu ihnen herab, Ministerpräsident Albrecht, Energiebosse, die ganze Ministerialbürokratie bis hin zum letzten Technokraten tauchten im geplanten Atomkreis Lüchow-Dannenberg auf, artig die Händchen der Kommunalpolitiker schüttelnd. Auf »Butterfahrten« karrte man sie zu den Atomzentren von La Hague (Frankreich), Karlsruhe und Hanau. Bei Sekt und Geflügel »vom Feinsten« schwoll so manche Bauernbrust, die in den umliegenden Städten außerhalb des Landkreises ansonsten sofort »Provinzheinis« zugeordnet wurde, zu respektablem Umfang. Derartige Großzügigkeit (Bauernweisheit: »Wer gut schmiert, der gut fährt«) ebnete Politikern und Atomunternehmern den Weg ins atomare Zeitalter des bäuerlichen Landkreises. Kein Gedanke mehr an die Zeit, als im Mai 1980 die Republik Freies Wendland ausgerufen wurde. Polizistenknüppel räumten sie ab. Es war mein erster und bis heute auch der einzige Besuch des Wendlandes, blaue Flecken brachte ich damals als Reisesouvenirs nach Hamburg mit. Was die neue Zeit in mir weckt, ist die Sehnsucht nach der alten.

Anne

»Ich suche ein Mädchen namens Anne«, erkläre ich der Bäuerin in Kapern, den Nachnamen kenne ich nicht, auch sonst kann ich nicht mit genaueren Hinweisen dienen. Der Frau reicht es, zum Glück gibt's in Kapern nur eine Anne. Markus, der Tramp aus Berlin, hatte mich beim Abschied in Gorleben gebeten, seine Adresse dieser Anne zu geben, sollte ich in die Nähe von Kapern kommen. Das Mädchen hatte er auf seinem Fußmarsch durchs Wendland kennengelernt. Ich hab's ihm versprochen, nun bin ich da.
»Annerl! Annerl!« Das kleine, schmächtige, bucklige Männchen, das ich auf dem Bauernhof nach Anne frage, dreht sich ohne Antwort um und brüllt, so laut es der zierliche Körper erlaubt, nach »Annerl«. Und dann kommt das »Annerl«: herangerumpelt auf einem gewaltigen Traktor, ein kräftiges junges Mädchen, mit kurzen, dunklen Haaren und einem offenen Gesicht. Ich spiele den Liebesboten, erzähle artig von meinem Auftrag – ein schüchternes Lächeln huscht über ihr Gesicht – und frage dann nach Traktor und Bauwagen.

Hinten auf der Weise stehe ich dann vor dem Gespann, von dem mir schon Markus vorschwärmte: ein 7,50 Meter langer, zum Wohnwagen umgestalteter Bauwagen, davor ein Traktor-Oldtimer, Hanomag Kombi-Truck, Baujahr 1962. Der Motor des himmelblauen Ungetüms, mit dem die 27jährige im nächsten Jahr von Bauernhof zu Bauernhof tingeln will, leistet 28 Pferdestärken, das macht »32 Kilometer Spitze«. »Total echt Spitze«, findet Anne damit das Schleichen über Landstraßen, »weil du da selbst im Fahrzeug eins werden kannst mit der Natur.«
23 Jahre lang war Anne Stadtmensch, lebte und arbeitete in Köln, mal als Verkäuferin, als Platzanweiserin im Kino, als Inhaberin einer Agentur der Weißen Rheinflotte. Dann hatte sie irgendwann über Nacht die Schnauze voll. Jemand erzählte ihr von der Abgeschiedenheit und Idylle in Lüchow-Dannenberg. Kapern, den Dorfnamen fand sie lustig, also suchte sie sich dort einen Bauern. Landwirtschaft wollte sie machen, »nicht als spinneriger Öko-Trip, so versuchsweise«, nein, richtig von der Pike auf. Daß ihr Bauer ausgerechnet CDU-Kreistagsabgeordneter war und Mitglied im Gorlebenausschuß, war Pech oder nein, doch eher großes Glück. »Sonst hätte ich nie geschnallt, daß man trotz großer Meinungsunterschiede gut zusammen auskommen kann.« Schon oft haben sie bis morgens durchdiskutiert, Annes langhaarige Öko-Freunde mit den gelben Sonnenbuttons auch am Tisch. Einmal, als sie mit der Bäuerin einen lautstarken Streit hatte – Thema war wie sooft Gorleben –, saß der Bauer am Tisch und weinte. »Da wußte ich, daß ich ihm wie die eigene Tochter bin, egal, welche Meinung ich habe.«

Von Schnackenburg nach Bergen

Wenn es einen Ort auf der Welt gibt, an dem ich nicht einmal begraben werden möchte, dann ist es dieses Kaff im Zipfelpunkt Lüchow-Dannenbergs, Schnackenburg. Als sei ich auf rätselhafte Weise geschrumpft und als geistere ich durch eine Spielzeugeisenbahnstadt aus Faller-Häusern, diesen Eindruck habe ich das erste Mal beim Anblick des Schaukelstuhls auf dem Deichrücken vor Schnackenburg. Das riesenhafte Ungetüm von Schaukelstuhl hat die dänische Farbenfabrik Sadolin dort aufgestellt. Als Werbegag und Testobjekt. Eindrucksvoll soll das überdimensionierte Möbelstück für die Witterungsbeständigkeit von Holzschutzmitteln zeugen. Für wirksamen Holzschutz hat die Firma indessen nicht so dringend Werbung nötig wie für die Ungefährlichkeit ihres Gebräus. Sadolin ist ins Gerede gekommen, nachdem es zu zahlreichen Vergiftungsfällen durch dioxinhaltige Holzschutzmittel gekommen ist.
Schnackenburg, die kleinste Stadt Niedersachsens, liegt im Dornröschenschlaf. Kein Mensch läßt sich blicken, kein herumstreunender Hund pinkelt an den Straßenrand,

nicht mal einen Papierschnipsel weht der Wind über den Asphalt. Die Häuser ducken sich hinter den Deich wie ungezogene Kinder, die Schläge erwarten. Auf dem Fahrrad, das mich in die Ausgestorbenheit der Miniaturstadt trägt, fühle ich mich als der einsame Rächer, der auf seinem »long way to Tipparary« durch ein ödes, verlassenes Ghosttown kommt. Doch das Bild stimmt nicht ganz. Denn hier hängt keine Kneipentür windschief in den Angeln, pfeift der Wind nicht durch zerschlagene Fensterscheiben und knarrt auch kein morsches Gebälk. Alles ist klinisch rein und adrett. Saubere Fensterscheiben, frischgemalte Haustüren, bunte Blumenkästen. Alles verrät arbeitende Hände, deren Besitzer irgendwo hinter den Fassaden verborgen sein müssen. Als der Schulbus mittags aus Gartow kommt, erzeugt das Lärmen der Gören in der Totenstille für meine Ohren schon das Heimatgeräusch von Großstadtstraßen. Doch so plötzlich dieser Spuck über den dösend daliegenden Ort hereinbricht, so plötzlich ist er auch vorüber.

Früher, als die Frachtschiffe stromaufwärts noch an langen Leinen von Menschen, Ochsen und Pferden gezogen (»getreidelt«) wurden, war Schnackenburg eine wichtige Zollstelle. Der erhobene Zoll, der »to den grotesten Tollen uppe Elwe« zählte, machte die jeweils Herrschenden reich, doch auch für Schnackenburg blieb genug hängen. Alle Elbschiffe mußten in Schnackenburg stoppen. Und die Abwicklung der Zollformalitäten wurde meist mit einer Runde Branntwein begossen. Daran verdienten die Kneipenwirte. Gleichzeitig ließen die Schiffer dringend notwendige Reparaturen an ihren Kähnen vornehmen. Davon profitierten die Schiffszimmerer. Und es wurde für die weitere Fahrt Proviant gebunkert. Das sorgte für Umsatz bei den Händlern. Und weil dieser Zustand niemals abreißen sollte, weihten die Schnackenburger ihre Kirche

dem heiligen Nikolaus, dem Schutzpatron der Schiffer, und beteten jeden Sonntag für »die Reisenden zu Lande und zu Wasser, der große Gott möge ihre Flößerei und Schiffahrt segnen«.
Der fromme Wunsch wirkte einige Jahrhunderte, dann, im Jahr 1854, es schien der Teufel seine Hände im Spiel zu haben, wurde der Elbzoll aufgehoben. Wie das Wasser der Elbe rann das Geld fortan an Schnackenburg vorbei. Schiffe legten nur noch im Notfall an. Die blühende Stadt welkte und verödete, der Vergleich mit einer Geisterstadt aus der Goldrausch-Ära liegt nicht daneben. Daran änderte sich auch nichts, als Schnackenburg nach dem Zweiten Weltkrieg wieder Zollstelle wurde. Obwohl im Hafen die Schnellboote von Zoll und Bundesgrenzschutz liegen, döst die Stadt träge vor sich hin. Die Einwohnerzahl sinkt beharrlich, 550 sind es zur Zeit. Die Krämerseelen der einstigen Handelsstädter wurden aber offenbar vererbt: Dem damaligen Bundespräsidenten Heinrich Lübke schnackten die Bewohner ein neues Geläut für ihre Kirche ab, nachdem sie ihn davon überzeugt hatten, daß ein kräftiger Glockenton bei Westwind bis weit in die DDR zu hören ist. »Nur Gott hat Schnackenburg noch nicht vergessen«, schrieb »Bild« vor Jahren.
Die Busladung Rheinländer, die dann für ein Viertelstündchen durch die Handvoll Straßen strömen, hat für den Dämmerzustand des Ortes keinen Blick, und von den schweigenden Glocken hören sie auch nichts. Die Frauen und Männer von Vierzig an aufwärts vermelden dagegen sofort das Fehlen heimischer Kulturgüter: »Mensch, Willi, hier jivet et nich ma 'n richtjes Köpi!«
In Gartow muß ich meine Tour für ein paar Tage unterbrechen. Die Arbeit an einem Artikel hatte ich in Hamburg wegen eines ausstehenden Interviewtermines unbeendet liegenlassen. Nach acht Tagen hat mich mein Vater mit

Satteltaschen und Kameraausrüstung wieder zurück nach Gartow gefahren. Er bleibt noch, bis ich aufgesattelt habe, dann umarmen wir uns zum Abschied, ein herzliches »Mach's gut!«, und der klapprige Opel Rekord rollt vom Hof der Pension, wo ich mein Fahrrad untergestellt hatte.

Ich fühle mich plötzlich unendlich allein. Es ist wie vor dem Start in Priwall. Doch haben mich Hektik und Ärger bei meiner Arbeit in Hamburg kaum zum Grübeln über den nochmaligen Aufbruch kommen lassen. Dafür plagen mich jetzt Einsamkeit und Leere auf dem Pensionshof. Ehe der Katzenjammer die Oberhand gewinnt, setze ich mich aufs Rad und fahre los. Grau und kühl und regenfeucht ist es, und die Straße führt monoton schnurgeradeaus. Abgebogen auf eine schmale Asphaltpiste, die durch engstehenden Mischwald führt, radle ich auf dem »Atommüll-Transportweg«, so steht es in weißer Ölfarbe auf der Straße.

Auf diesen verschwiegenen Pfaden rollten im September 1984 die ersten Fässer mit allerlei »schwachradioaktivem Abfall«, blumig »Gebinde« genannt, huckepack per Tieflader nach Gorleben. Aufgeladen hatten die Atommüll-Brummis ihre strahlende Bürde im Kernkraftwerk Stade. Von dort aus ging es auf 180 Kilometern Schleichwegen ins Zwischenlager. Für Fahrroute und Fahrzeit galt »top-secret« wie für Raketenpläne. Man fürchtete Aktionen der Kernkraftgegner, die mit Plakaten wie »Tag X – Verhindert die Atommülltransporte ins Wendland« zum Widerstand aufriefen. Vorausgegangen war eine beispiellose Polizeiüberwachung: Fahrzeug- und Personenkontrollen, manchmal mit gezückten Pistolen, fanden im Wendland ungewöhnlich oft statt. Polizeiwagen fuhren nachts auf Bauernhöfe und überprüften die dort geparkten Personenwagen. Andere notierten vor dem »Café Grenzland« in

Platenlaase, einem Treffpunkt der Kernkraftgegner, die Kennzeichen aller geparkten Autos.
Die aufgestaute Wut zügelte sich nicht immer mit der geballten Faust in der Tasche. Von seiten militanter AKW-Gegner wurden Schwellen und Schienen der Eisenbahnlinie gelöst, Brandanschläge auf Baufirmen verübt, die an Gorleben mitbauten. Die meisten der Kernkraftgegner planten jedoch andere Formen von Widerstand: Das Heer der Widerständler sollte über Telefonketten alarmiert werden, Züge sollten mit der Notbremse zum Halten gezwungen und der Straßenverkehr durch Bummeltempo zum Zusammenbruch gebracht werden.
Doch dazu kam es nicht. Die Wachposten der Bürgerinitiative, die schon seit Tagen vorm Kernkraftwerk Stade Wache geschoben hatten, wurden von der Polizei am Tag X kurzerhand festgenommen. Und so kamen die Leitungen der Telefonketten erst zum Glühen, als der Atommüll schon halb über die Distanz war. 2000 Mann Polizei und Bundesgrenzschutz probten mit Erfolg den Atomstaat. Auf den 180 Kilometern zwischen dem Atomkraftwerk Stade und Gorleben wurde ein »kernkraftgegnerfreies Vakuum« erzeugt, so einer der Polizisten. Der Konvoi umfaßte neben Sattelschleppern mit den 506 Fässern »schwachradioaktivem Müll« Räumfahrzeuge, Wasserwerfer, Panzerwagen und mindestens vierzig Mannschaftswagen.
Nach einigen hundert Metern fühle ich mich besser. Gierig sauge ich den Geruch feuchten Grases und den Kiefernduft ein, sogar der Gestank der Gülle tut meiner Nase gut. Albern ahme ich das Muhen verständnislos glotzender Kühe nach, wiehere weidenden Pferden zu wie ein ungestümes Fohlen, schnattere im Wettbewerb mit schimpfenden Gänsen und gackere im Chor mit einer Hühnerschar. »Entenhausen drei Kilometer« hat ein Witzbold auf die

Straße geschrieben. Prezelle, das Dorf, durch das ich danach komme, liegt da wie ausgestorben. Irgendwo klappert eine Hoftür, heult eine Kreissäge. Kein Mensch läßt sich blicken. Die einzigen Lebewesen: eine schnatternde Schar Enten, die ihre weißgefiederten Körper dicht an den Boden pressen. Der Witzbold war gar keiner.

Heute werde ich es nicht mehr schaffen, den Wurmfortsatz Lüchow-Dannenberg zu verlassen. Nach 53,3 Kilometern suche ich mir in Bergen ein Zimmer für die Nacht. Im Schlepptau habe ich zwei französische Feuerwehrleute, die mit einem Moto-Guzzi-Gespann auf Urlaub in die DDR wollen und die ich ratlos vor einer großen Ortskarte von Bergen traf.

Abends lotsen uns die anderen Gäste, zwei Techniker auf Montage und zwei ältere Ehepaare, zu Grillfleisch und Bier auf die Terrasse. Es wird ein gemütlicher Abend, die beiden Franzosen werden mit Ratschlägen für die Weiterfahrt »in die Zone« geimpft.

Am nächsten Morgen ist der Abschied so herzlich, wie der Abend endete. Ein regelrechtes Abschiedskomitee steht vor der Pension. Die Sonnne lugt ein wenig hervor, aber stürmischer Wind treibt immer wieder graue Wolken vor ihre Strahlen. Ehe ich Bergen verlasse, fahre ich noch zum ehemaligen verlassenen Grenzübergang. Zwei alte Holzgebäude stehen am Anfang einer Kopfsteinpflasterallee, von knorrigen Bäumen umsäumt und mit samtigem Grün der Unberührtheit bedeckt. Am Ende der Straße überbrückt unter dunklen Bäumen eine schmale Betonbrücke das Bächlein Dumme, dessen Bett den Grenzverlauf markiert. Über die Dumme hatte in einem Fremdenverkehrsblättchen, das auf dem Nachttisch in meiner Pension lag, ein Heimatdichter gereimt: »Bergen gibt's in Deutschland viele / und an Bächlein grad' und krumm. / Darum nennt sich dieses Bergen / schlauerweise an der Dumm.«

Der neue Grenzübergang, ein paar hundert Meter entfernt an der Bundesstraße 71, wurde mit den Übergängen in Gerblingerode, Eußenhausen und Rottenbach entsprechend des Grundvertrages eingerichtet, hauptsächlich, um den vereinbarten »kleinen Grenzverkehr« aus den 56 westdeutschen Grenzkreisen in die 54 Grenzkreise der DDR hindurchzuschleusen. Was die Lüneburger »Landeszeitung« in ihrer Headline »Sommeranfang 1973 – Zeitenwende für Deutschland?« vorsichtig mit einem Fragezeichen versah, wurde in Bergen mit einem Volksfest (Bierwerbung: »... besiegeln wir's mit Kindl Pils«) gefeiert. Doch am 21. Juni, nachdem die Ampeln Punkt Mitternacht auf Grün geschaltet wurden, tröpfelte der Verkehr eher, als daß er floß. Fünf Fahrzeuge in den ersten 24 Stunden. Aber danach ging's Hals über Kopf: Bereits nach drei Tagen hatten von den 1600 Bewohnern Bergens 300 ihren Antrag für den kleinen Grenzverkehr im Rathaus angefordert.
Der Sturm macht die Fahrt zur Quälerei. Er bläst so stark, daß einzelne Regentropfen wie Nadeln in mein Gesicht stechen. Selbst bei Abfahrten mit starkem Gefälle muß ich treten, um von der Stelle zu kommen. Von den zehn Gängen meiner Schaltung kann ich nur die ersten beiden gebrauchen. In Nienbergen verschwindet eine Reihe von alten Telegrafenmasten hinter dem Hügel am Ortsausgang im Nirgendwo. Nur Straße, Himmel, Telegrafenmasten. Eine Dreiviertelstunde warte ich auf ein Auto, ein Motorrad oder einen Trecker als belebendes Element für ein Foto. Niemand kommt. Als hätte der Sturm die Menschen vom flachen Land gefegt.
Hinter Schafwedel überholt mich hupend der teure Mercedes des Technikers aus Bergen, der mir am Abend in der Pension noch von seinem »Sechzehnventiler« vorgeschwärmt hatte: »Der macht locker 230 Spitze!« Er ist

gerade vorbei, da öffnet der Himmel alle Schotten. Nicht erst tröpfelnd und sich dann allmählich steigernd, eher so wie unter einer aufgedrehten Dusche. Mühselig schleppe ich das bepackte Rad über Astgewirr und Distelkraut unter eine Tannengruppe. Die Nadeln schützen mich nur kurze Zeit. Dann hat der Regen die Äste so beschwert und durchfeuchtet, daß das Wasser ungehemmt auf mich niederstürzt. Ich schleppe mein Fahrrad erneut über die Hindernisse zurück zur Straße. Stürmischer Wind peitscht den Regen seitlich gegen mich. Mein Regenumhang aus Gummihaut ist geschnitten wie ein Poncho mit einer Kapuze. Nach vorn hängt er über die Arme und ragt über Lenker und Kameratasche hinaus. Im durchhängenden Gummituch sammelt sich literweise Wasser. Das Regencape schützt mich nur obenherum, innerhalb weniger Minuten bin ich vom Bauch bis zu den Fußspitzen klitschnaß.
Genauso unvermittelt, wie die Sonne vom Regengrau verdrängt wurde, schiebt sie sich wieder hervor. Ihr warmes Licht brennt die Pfützen in wenigen Minuten vom Asphalt. Dampf steigt von Straßen, Feldern und Wiesen auf. Die Welt glitzert in den Reflexen des Gegenlichtes wie Brillanten unter einem Scheinwerfer. Nur wenige Kilometer nach der Sintflut haben Sonne und auffrischender Sturm alle Feuchtigkeit aus Kleidung und Taschen getrocknet.
Die Grenze südlich von Thielitz nennen die »Gresos« »Raum der Hauptanstrengung«. Wahrscheinlich, so vermutet der Bauer, der mir davon erzählt, »weil auf diesem Abschnitt so viele abhauten«. Jetzt ist die Grenze in dieser Gegend ebenso modern und unüberwindlich wie anderswo auch.

Der Hotelier in Wittingen

Der Sturm nimmt unaufhörlich zu. Wo kein Wald ihn bremst, treibt er ungehemmt übers flache Land, drückt mich seitlich von der Straße, preßt meinen Atem in den Mund zurück, hält mich fast auf der Stelle oder treibt mich wie ein welkes Blatt vor sich her. Die letzten Meter bis Wittingen sind reine Quälerei. In »Rühlings Hotel« brennen mir die Augen, Konturen verschwimmen. Ich sehe nur noch schemenhaft. Kraftlos krieche ich schon um acht Uhr ins Bett. Beim morgendlichen Blick in den Spiegel sind meine Augenwimpern und Augenlider gelb verkrustet.
Die Schmerzen im rechten Armgelenk sind so stark, daß ich kaum mein Frühstücksei aufgeklopft bekomme. Ein paar Tische weiter sitzt eine kleine rausgeputzte Runde ebenfalls beim Frühstück. Sie wollen irgendwo eine Silberhochzeit feiern. Der Radiosprecher macht aus mir, ohne es zu wissen, einen Helden, denn gestern habe ich offenbar mit einem Orkan gerungen: ». . . Böen mit Windstärke 12 rissen Bäume um, warfen an der Ostseeküste Boote ans Ufer und brachten am Abend mehrere Küstenmotorschif-

fe zum Kentern. Der Sachschaden wird insgesamt auf über . . .« Der Sturm hatte an der Küste ein Tohuwabohu angerichtet, hier dagegen waren es lediglich ein paar abgeknickte Bäume und herabgewehte Dachziegel.
Es ist noch immer stürmisch, aber lange nicht so schlimm wie gestern. In Wittingen möchte ich mir einen Tag lang ansehen, wie eine Tageszeitung gemacht wird. Doch am Wochenende arbeitet in der Redaktion des »Isenhagener Kreisblattes« niemand. »Melden Sie sich Montag bei unserem Lokalchef«, rät mir der Vertriebsleiter, den ich schließlich ans Telefon bekomme.
Was macht man zwei Tage in Wittingen? Hotelwirt Victor Rühling weiß es auch nicht. Er empfiehlt mir das Jagdmuseum in Hankensbüttel, zehn Kilometer entfernt. Aber Hörner, Geweihe und andere Jagdtrophäen lassen mich ebenso kalt wie ausgestopfte Tiere und reichverzierte Donnerbüchsen. »In Wittingen selbst . . .?« überlegt er und kommt schließlich nur auf die »Grenzland-Information« des Ministeriums für Bundesangelegenheiten. Doch die hat nur sonntags geöffnet. Wittingen schläft heute: kein Kirchenkonzert, kein Schützenfest, kein Erntedank, nichts. Lediglich in der Discothek »Penny Lane« spielt am Abend die Gruppe »Missa Tonga«. Ich stelle mich auf einen Lesetag ein.
»Bücher über Wittingen?« Mit der Wiederholung meiner Frage drückt die Buchverkäuferin unverhohlen ihr Unverständnis aus. Doch schließlich kramt sie aus einem Fach ganz unten im Regal verschämt ein grünes dünnes Heftchen hervor. »Wittingen – Ein Abriß zur Geschichte des Ortes«. »Mehr haben wir nicht, aber sie kriegen es umsonst.« Das klingt fast wie eine Entschuldigung. Das Heft, »praktisch die Chronik von Wittingen« (Verkäuferin), stammt von 1951, ein Amateurhistoriker hat es verfaßt. 1976 erschien die dritte, bislang letzte Auflage. Der Hei-

matforscher beginnt auf Seite fünf im Jahre 500 nach Christus und kommt 22 Seiten später, zwei Seiten vor Schluß, endlich ins 20. Jahrhundert. Unter Verzicht auf die Genauigkeit, mit der er viele Seiten vorher die Irrungen und Wirrungen derer von Knesebeck auseinanderpusselte, widmet er sich in der Chronik der Neuzeit. Über Nationalsozialismus und Zweiten Weltkrieg heißt es: »Seit 1936 ist die Volksschule, die bis dahin durch den gemeinsamen Leiter mit der Mittelschule verwaltungsmäßig verbunden war, wieder selbständig unter eigener Leitung. Der Zweite Weltkrieg brachte Wittingen zu den vielen Gefallenen ein paar Bombenangriffe, die wenig Schäden anrichteten, und am Schlusse des Krieges bei der Einnahme durch die Amerikaner am 13. April 1945 den Verlust zweier Wohnhäuser, Habekost und Theilmann, die bei dem kurzen Artilleriebeschuß in Flammen aufgingen. Nach den Amerikanern rückten 1945 die Engländer zu längerer Besetzung ein. So hatte Wittingen seit mehr als 100 Jahren zum erstenmal wieder feindliche Truppen in seinen Mauern.«
Beim Bierchen führt mich Herr Rühling denn schon gründlich in die Probleme der Hotel- und Restaurantführung ein. »Früher, da hieß es noch ›Bahnhofshotel‹, denn man reiste nur mit der Eisenbahn. Hört heute ein reisender Autofahrer ›Bahnhofshotel‹, dann denkt er sofort an Zuglärm und winkt ab.« Dem hat der Wirt Rechnung getragen. Aus »Bahnhofshotel« machte er »Rühlings Hotel«. Auch sonst hat sich der Hotelchef was einfallen lassen, »denn der Rubel muß ja rollen«. Schankraum und Gesellschaftsraum hat er umbauen lassen. Allein die wuchtige Theke hat über 20000 Mark gekostet, klagt er. Jetzt muß er noch einmal mit der Bank reden, damit er seinen zweiten Gesellschaftsraum auch noch renovieren kann.
Früher war für den Hotelwirt alles einfacher. Da gehörte zum Hotel eine Anhänger- und eine Schweinewaage. Bau-

ern, Vieh- und Getreidehändler wickelten im »Bahnhofshotel« ihre Geschäfte ab. Nach 1945 verlor die Genossenschaft »Saatbau und Viehverwertung Wittingen« durch die Grenze etwa 450 Mitglieder. »Diesen Mitgliederschwund haben wir deutlich zu spüren bekommen«, erinnert sich Hotelchef Rühling, dessen Familie das Hotel seit dem Bau im Jahre 1900 gehört.
Später wurden die Anhänger immer größer, so daß die Waage nicht mehr ausreichte. Und die Schweinewaage wurde gar überflüssig, da die Händler mit ihren Schweinetransportern heute direkt bei den Bauern vorfahren. So blieb dem Hotelwirt als verläßliche Einnahmequelle neben den Kegelvereinen, die die Bahnen im Keller benutzen, nur die »staatliche Deckstation« für Pferde. In den Stallungen hinterm Hotel führen Pferdezüchter aus dem Umland von April bis August Stuten und Hengste zu angeordneter Pferdeliebe zusammen. Bis 25 000 Mark wurden schon für die edlen Produkte unromantisch erzwungener Tierliebe gezahlt.
»Diese Nacht ist viel zu schön, um früh ins Bett zu gehn«, behauptet der singende Bassist von »Missa Tonga«, der im vorigen Song noch versprach, »Bass und besser« spielen zu wollen, was ich nicht bestätigen kann. Die vier Musiker malträtieren ihre Instrumente wegen einer Eitelkeit: Jeder spielt, so laut er kann, keiner will mit seinem Instrument hinter dem Lärm der anderen zurückstehen.
Die Discothek »Penny Lane« hat bei Tageslicht vermutlich den Charme eines Bahnhofspissoirs: Eine halbe Stunde vor dem Auftritt der Amateurband verloren sich in der riesigen Disco etwa ein Dutzend Leute. Aus den Lautsprechern dröhnte das übliche Discoeinerlei. Die meisten Gäste waren zwischen 17 und 24. Hinter den Plattenspielern sorgte ein milchgesichtiger Bursche für Musik. Ob seine Auswahl ankam, konnte ich den Besuchern nicht ansehen.

Man gibt sich cool wie in jeder Großstadtdisco. Mit gleichförmigen Gesichtern stieren die Jungen vor sich hin, weder besonders depressiv noch besonders euphorisch. Als die Band loslegt, hängen in der Disco ganze fünfzig Leute herum.
Von dem ohrenbetäubenden Lärm, den die Musiker von »Missa Tonga« ihren Instrumenten entlocken, merken die meisten Zuhörer sowieso nichts. Der Alkoholpegel hat die Hörnerven längst in ihrer Sensibilität beeinträchtigt. Der Rest der Gäste besteht aus Fans der Band, vermutlich Schulfreunde. Oder sie gehören zu einer Clique an den Billardtischen. Für die ist Musik ohnehin nur Hintergrundton, egal, ob vom Plattenteller oder live. Das mißlungene Hörfest strecke ich über zwei Bierlängen. Dann ziehe ich das weiche Hotelbett vor.
Am Sonntag gerate ich in den Marsch der Wittinger Schützengilde, voran der Spielmannszug, die durch den Ort zieht, um erst den »kleinen König« der Kinder, dann den »großen König« der Erwachsenen mit Pomp und Gloria vor ihren Wohnhäusern abzuholen. Später, beim Jahrmarktsrummel am Schützenhaus, höre ich einen Knirps in weißem Hemd, weißer Hose und Vizekönigskrone sagen: »Wenn Rüdiger tot wär, dann wär' ich jetzt König.«
Überall wanken betrunkene Schützenbrüder herum. Einer von ihnen ist derart voll, daß er wie ein Geblendeter, beide Arme tastend vorgestreckt, in die Dunkelheit bierseligen Dämmerzustands eintaucht. Vorn ist die graue Uniformhose von Urin getränkt, hinten von Stürzen auf den feuchten Boden durchnäßt. Sein Kopf schlenkert haltlos auf dem kurzen Nacken. Dabei wedeln die schwarzen Federn seines Schützenhutes wie ein Fächer hin und her. »Wenn den seine Frau sieht«, sagt neben mir schadenfroh ein noch nüchterner Schützenbruder, der seinen gestrauchelten Kumpan gerade mühsam aus einer Pfütze gefischt hat.

In dem Raum der Wittinger »Grenzland-Information« stehen die gleichen standardisierten Bildtafeln zur Grenze, wie ich sie zuvor schon in Bleckede, Gartow, Schnackenburg und Bergen gesehen habe. Die sollen, erklärte Minister Hasselmann jüngst bei der Einweihung der zehnten niedersächsischen »Informations«-Stätte in Schöningen, nicht »als politischer Stachel« gegen die DDR gerichtet sein: »Wir nehmen uns allerdings das Recht, diese Grenze als ein menschenrechtswidriges Hemmnis für die Freizügigkeit von Menschen, Ideen und Empfindungen zu charakterisieren«, sagt der Minister, läßt kraft ministerlicher Autorität aber verschweigen, wie es denn zu diesem Jahrhundertbauwerk überhaupt kommen konnte.

Beim »Isenhagener Kreisblatt«

Da stehe ich nun am Montagmorgen vor dem Lokalchef des »Isenhagener Kreisblattes«, trage artig meinen Wunsch vor, den Kollegen für einen Tag über die Schulter zu sehen, und stoße augenscheinlich auf wenig Gegenliebe. Daß er nicht ablehnt, liegt an meinem überzeugenden Hauptargument: das Einverständnis des Verlagsleiters, das er mir während unseres Gesprächs am Samstag gab.
Nur vier Kilometer Luftlinie liegen zwischen dem Büro der Lokalreporterin Christa Bellin und der Grenze. Etwa 7,5 Quadratmeter klein ist ihr Büro, einem Deutschen Schäferhund steht gesetzlich auch nicht viel weniger Platz zu. Darin stehen ein Schreibtisch, ein Schreibmaschinentisch, zwei kleine Aktenschränke. An den Wänden: zwei Kalender, eine historische Weltkarte, eine Tuschzeichnung mit Heidemotiv, eine historische Stadtansicht von Paderborn.
Eigentlich wollte Christa Bellin Lehrerin werden. In Paderborn studierte sie Soziologie und Germanistik. Als sie dann im Referendariat das erste Mal Kinder vor sich hatte,

sagte sie sich: »Nee, das willste nicht dein Leben lang machen.« Auf dem Hauptpostamt wälzte sie die Branchenbücher, suchte unter »Z« wie Zeitung und schrieb über dreißig Bewerbungen für ein Redakteurs-Volontariat. In Wittingen hatte sie Glück. Seit neun Jahren arbeitet die 32jährige beim »Isenhagener Kreisblatt«.
Die Minizeitung wird täglich etwa 5000mal verkauft, meist über Abonnement. Gelesen wird sie im Nordteil des Kreises Gifhorn: im Norden bis Bodenteich, im Süden bis Rühen, im Westen bis Steinhorst. Östlich bildet die deutsch-deutsche Grenze das Ende des Verbreitungsgebietes. Siebzig Pfennig kostet das Blatt. Drei Redakteure und eine Volontärin arbeiten an fünf Tagen an den zwei bis vier Lokalseiten. Der Rest ist »Mantel« und kommt aus Lüneburg.
Daß die Zonenrandlage eine größere Abhängigkeit von den wenigen Betrieben Wittingens zur Folge hat, die dadurch Einfluß auf die Berichterstattung seiner Zeitung haben, mag Lokalchef Scholz nicht bestätigen. »Im Gegenteil«, behauptet er, »diese enge Bindung fördert die genaue Recherche. Wir recherchieren so lange, bis eine kniffelige Geschichte absolut wasserdicht ist.«
Ähnlich rosig sieht die Volontärin der Zeitung ihr Arbeitsfeld. Sie ist erst 19, hat in Hamburg gerade ihr Abitur gemacht und die Volontärstelle nur bekommen, »weil ich den Verleger gut kenne«. Zwei Monate ist sie in der Redaktion und findet ihre Arbeit »unheimlich interessant«.
Was bei den Wittinger Zeitungsmachern so »unheimlich interessant« ist, bewegt sich an diesem Morgen zwischen der Amtseinführung eines neuen Pastors und den Zerstörungen auf dem Grillplatz Hankensbüttel. Wegen des behördlicherseits gemeldeten »Vandalismus« schickt Lokalchef Scholz die Volontärin vor Ort: »Wenn's geht, hätt' ich gern ein Foto davon.« Nach einer Stunde ist sie wieder da.

Das Ehepaar Schmidt, Besitzer der gemütlichen Bromer »Museums-Stube«

Bromer Dorfstraße

Der Vanadalismus schrumpft nach ihrer Schilderung zu lächerlich geringen Beschädigungen, ein paar Bierflaschen lagen herum, das Mauerwerk am Grill war etwas ramponiert, Mopedreifen hatten den Sandboden aufgewühlt. Es reichte nicht mal für ein beeindruckendes Foto. Doch die Volksseele kocht, vor allem, weil eine Gruppe Landespolitiker aus dem fernen Hannover in ein paar Tagen auf dem »Grillplatz bewirtet werden« soll. So greift Redaktionschef Scholz selbst zur Feder. Getreu seiner Leitlinie, mit dem Provinzblatt »das Gemeinschaftsgefühl zu fördern«, beklagt er im Artikel, »daß nicht alle Benutzer des Platzes ihn auch gemeinschaftsdienlich, sprich pfleglich, behandeln«.

Die Artikel im »Isenhagener Kreisblatt« begründen sich häufig auf Pressemitteilungen der Vereine, Kirchengemeinden, Spielkreise, des Arbeitsamtes und der Parteien. Manches wird wortwörtlich gedruckt. Ist die Vorlage gar zu holprig, schreibt sie jemand um. »Für intensive Recherche«, klagt Christa Bellin, »bleibt nur selten Zeit.« Heute sitzt sie an einem Bericht zum 25jährigen Jubiläum des Bromer Michaelis-Heimes, eines Altenheims der Diakonie. Anschließend ein weiteres Jubiläum: »Von der Nächstenliebe kommen wir nun zur Verkehrswacht.« Der Motorsport-Club Wittingen e. V. im ADAC wird 35.

Ich stelle mir vor: Eines gar nicht so fernen Tages, die Menschheit hat die Erde mit der ihr eigenen sturen Gründlichkeit in den ökologischen Holocaust gewirtschaftet, kommen Wesen von einem fernen Planeten auf die Erde. Zwischen verkrüppelten Bäumen, miefenden Flüssen und Industrieruinen stoßen die Außerirdischen auf das Verlagshaus Neef, Herausgeber des »Isenhagener Kreisblattes«. Wißbegierig vertieft sich ein Aufklärungstrupp der Fremden im Archiv der Redaktion in das Studium der Zeitung. Gefesselt von den spannenden Berichten, verpas-

sen sie fast den Abflug ihrer fliegenden Untertasse. Was sie im »Isenhagener Kreisblatt« lasen, nehmen sie als Weltbild zu ihrem Heimatstern mit. Danach schreiben sie ins »Intergalaktische Lexikon« unter »Erde«: »Planet im Sonnensystem der Milchstraße, seit einigen Jahren unbewohnbar. Als es dort noch Lebewesen, sogenannte Menschen, gab, herrschte auf der ganzen bewohnten Erde ein einziges Chaos: Kriege, Hungersnöte, Arbeitslosigkeit, Korruption, Kriminalität. Lediglich ein kleiner Landkreis namens Gifhorn kannte keines der genannten Probleme. Hier lebten die Menschen friedlich und in gutem Einvernehmen. Meist feierten sie irgend etwas: Ob Schützenfest, Vereinsjubiläen, Sporterfolge oder einen neuen Pastor, Gründe zum Feiern fanden die lebensfrohen Gemüter immer. Daß sie trotzdem mit den anderen untergingen, liegt ausschließlich an der Verdorbenheit ihrer Umgebung.«
Abends, im privaten Gespräch im einzigen Griechenlokal des Ortes, verrät mir Frau Bellin dann etwas von der unbeschönigten Wirklichkeit ihres Journalistenalltags: Auch ihr fehlt es in der Zeitung an Biß. »Kritische Artikel haben Seltenheitswert.« Einmal habe sie in einem Artikel zaghafte Kritik an den öffentlichen Bauprojekten eines ortsbekannten Architekten geäußert, dessen Gebäude nach Fertigstellung mehrmals grobe bauliche Fehler aufwiesen. Daraufhin wurde sie vom Verleger unverblümt ermahnt, den Architekten in der Zukunft zu schonen. Architekt und Verleger sind miteinander befreundet.
22 Kilometer hinter Wittingen fühle ich mich zum erstenmal seit ein paar Tagen wieder richtig wohl: in der »Museums-Stube« der Familie Schmidt. Sie betreiben ein ehemaliges Bauernhaus als Café. Vor drei Jahren zogen sie nach Brome, bastelten und werkelten einige Zeit an dem ererbten Bauernhaus herum und eröffneten im Frühjahr 1985 ihr eigenes Café. Eingerichtet mit einem Sammelsu-

rium von alten Möbeln, Bildern, Gardinen und alter Gerätschaft. Bei den Bromern, von deren Kneipenkultur sich die »Museums-Stube« diametral unterscheidet, findet das Café unterschiedliches Echo: Die Jüngeren freuen sich über den frischen Wind in der kargen Bromer Vergnügungswelt, die Älteren lehnen es ab.
Dafür genügt ihnen, glaubt Wolfgang Schmidt, »daß es anders ist«. Trotz deren Boykotts hoffen die Besitzer, daß sich ihre Idee mit dem Nostalgie-Café doch noch durchsetzt. Martina Schmidt: »Die Leute brauchen hier einfach mehr Zeit, um sich an was Neues zu gewöhnen.« Ihr Mann ist da nicht so optimistisch: »Die meisten hier im Grenzort sind einfach reaktionär und wir ihnen nicht ganz geheuer.« Und um mir seine Meinung zu begründen, sagt er: »Als vor einiger Zeit unser Burgfest stattfand, hatte dazu auch ein italienischer Gastwirt einen Stand angemeldet. Der war genauso neu im Dorf wie wir. Man hatte ihm einen Platz weit vom Geschehen zugewiesen und dorthin keinen Stromanschluß gelegt. Da stand er nun mit seinem elektrischen Pizzaofen. Wir haben ihm dann von unserem Anschluß eine Leitung hingelegt. Die Bromer waren entsetzt: ›Seid doch froh, wenn das Geschäft von dem Itaker schlecht geht‹, sagten sie zu uns.«

Das Doppeldorf: Böckwitz(Ost)-Zicherie(West)

Wieder auf der Straße, weg von heißem Kakao und Pflaumenkuchen mit Sahne, komme ich in das geteilte Dorf Zicherie. Geteilte Orte, von Zaun und Mauer zerschnitten, erlebten kurzzeitig nach ihrer Teilung eine Blüte als Touristenziele: Zicherie-Böckwitz in Niedersachsen, Philippsthal in Hessen, Mödlareuth in Bayern. Zicheries Trennungs-Melodram entnehme ich einer vier mal zwei Meter großen Schrifttafel, die unmittelbar am Zaun aufgebaut ist: »Sie stehen in der Mitte des Doppeldorfes Böckwitz-Zicherie, das bis 1945 wirtschaftlich und kulturell eine Gemeinde war. Am 1.7.1945 besetzte die Sowjetarmee den Ortsteil Böckwitz. Die Einwohner von Zicherie verloren damals ihre Schule, ihre Molkerei, fast alle Handwerksbetriebe und die Verbindung zu ihren Verwandten und Bekannten.

Im Mai 1952 wurde das Doppeldorf durch einen 300 m langen Bretterzaun geteilt. Viele Familien aus Böckwitz – vorwiegend Bauern – wurden nach Sachsen evakuiert. Sie sind inzwischen von dort fast alle geflüchtet, wohnen größ-

tenteils in Zicherie und arbeiten im Volkswagenwerk Wolfsburg.
Auf der freien Fläche zwischen beiden Ortsteilen standen vor 1952 Häuser und Wirtschaftsgebäude, die nach und nach zerstört, später ganz abgerissen wurden. Seit 1961 ist auch hier die Grenze hermetisch geschlossen.
Der Stacheldrahtzaun und der Schießbefehl verhindern jede Verbindung nach drüben zu jenen, mit denen wir fast alle verwandt, bekannt und befreundet sind.
Die Häuser in Böckwitz sind alle bewohnt. Die Einwohner arbeiten überwiegend in der landwirtschaftlichen Produktionsgenossenschaft.«
Vor 25 Jahren bemerkte ein Journalist über Zicherie noch verklärt, das es bislang niemand gewagt hätte, »so geschmacklos zu sein und aus der deutschen Teilung Geld zu machen«. Ihn beeindruckte: »Das Gasthaus an der Dorfstraße betreibt keine Werbung.« Natürlich war die Hoffnung, daß die Jungfräulichkeit der Grenze auf westlicher Seite gewahrt bliebe, trügerisch. In unserer Gesellschaft wird schließlich alles zu Geld gemacht, was Aussicht auf Gewinn verspricht: Mütter verkaufen ihre Kinder, Winzer giftige Weine, Chemiefabrikanten gesundheitsschädliche Medikamente, andere Waffen oder Söldner, Sekten die Aussicht auf ein ewiges Leben. Alles wird zu Barem gemacht, warum nicht auch die Grenze? Und so hat man vor der Grenzmauer in Zicherie einen Busparkplatz asphaltiert, eine öffentliche Toilette aufgestellt, und Zicheries Hotel »Hubertus« bietet nicht nur Zimmer mit Dusche, wonach man in Grenzorten ansonsten lange suchen muß, sondern auch Telefon und Fernseher.
Hinter Zicherie, wo zwischen Straßenrand und Grenzverlauf manchmal nur einen Meter Platz ist, steht ein Gedenkkreuz für den Journalisten Kurt Lichtenstein. Er wurde am 12. Oktober 1961 von Grenzern der DDR erschossen. Bei

Im Doppeldorf Zicherie-Böckwitz

seiner Beerdigung auf dem Dortmunder Hauptfriedhof gab politische Prominenz aller Parteien dem Reporter der Dortmunder Zeitung »Westfälische Rundschau« die letzte Ehre, Herbert Wehner sprach von seinem »harten Leben« und dem »schweren Tod«, und Ernst Lemmer, damals Gesamtdeutscher Minister, machte aus ihm einen »Blutzeugen für das deutsche Leid«. Aber das war nur die eine Seite des tragischen Vorfalls, der ein Stück deutsch-deutsche Geschichte vermittelt: Lichtenstein, ehemaliges KPD-Mitglied, hatte unter den Nazis im Konzentrationslager gesessen, aber die Adenauer-Justiz verweigerte ihm nach Kriegsende eine Entschädigung für die Zeit der KZ-Haft, weil er nach dem Entschädigungsgesetz unter den sogenannten »Unwürdigkeitsparagraphen« fiel, wonach derjenige von der Entschädigung ausgeschlossen ist, der »nach dem 23. Mai 1949 die freiheitliche demokratische Grundordnung im Sinne des Grundgesetzes bekämpft hat«. Das galt vor allem für Mitglieder der Kommunistischen Partei Deutschlands.
Lichtenstein gab deren Parteibuch zwar im Jahr 1950 zurück, nahm statt dessen später das der SPD, blieb aber weiterhin suspekt. Als Bonner Korrespondent der »Westfälischen Rundschau« in Bonn war der Ex-Kommunist seinen Brötchengebern offensichtlich nicht zuverlässig genug, sie ließen die meisten seiner Berichte ungedruckt.
Resigniert gab er Bonn auf. In einer Grenzreportage sah er die Gelegenheit, seinen Antikommunismus unter Beweis zu stellen. Lichtenstein, der als Spanienkämpfer viele aus der Prominentenriege der SED persönlich gekannt haben soll, fuhr am vierten Tag seiner Grenzreise an den Zaun hinter Zicherie. Er überschritt den Grenzverlauf und begann eine Diskussion mit DDR-Arbeitern. Als er trotz mehrmaliger Aufforderung nicht auf das Gebiet der Bundesrepublik zurückging, wurde er erschossen.

Weiter Richtung Helmstedt

Nach einem Duschbad, einem Kaffee und Bratkartoffeln mit Bohnen, Spiegelei und Thunfisch komme ich wieder zu mir. Die letzten Kilometer vor Helmstedt, als es im Lappwald ständig bergauf und bergab ging, haben mich ordentlich geschlaucht. Doch ich wollte es noch bis Helmstedt schaffen, wo Wolfgang, ein alter Freund, für ein halbes Jahr im Kloster Marienstedt lebt. Nicht aus religiöser Überzeugung – das Kloster wird nicht mehr als Ort religiöser Erbauung genutzt –, sondern um hinter meterdicken Klostermauern in Ruhe arbeiten zu können. Die Stiftung des Klosters überläßt jeweils einem Studenten der Braunschweiger Kunsthochschule die kleine Zweizimmerwohnung mit Blick auf den Klosterfriedhof.
Wo die Konventualinnen und Priorinnen unter steinernen Kreuzen begraben liegen, fühlen sich die Vögel wie im Paradies. Rotschwänzchen, Drosseln, Ringeltauben, Finken und Turmfalken drehen über dem Friedhof ihre Kreise. Als die Chefs im Ring fühlen sich die Drosseln. Wagt es eine Ringeltaube, in deren Königreich einzudringen, stür-

Von Hektik und Unruhe abgeschirmt, arbeitet der Braunschweiger Künstler Wolfgang Bulla hinter dicken Klostermauern an der Kohlezeichnung einer riesigen Sonnenblume. Das Atelier im ansonsten unbewohnten Helmstedter Kloster wird Malern im Rahmen eines Stipendiums kostenlos zur Verfügung gestellt.

Gold
Nusspli
Nougat-
Kühne
Dill-Schnitten
720 ml Glas
1.99
Tomate

Warten auf den Bus. Für größere Einkäufe fahren die Frauen aus den Grenzland-Dörfern wegen des besseren Angebots oft weite Wege in die nächste Stadt. Mit der Grenzziehung wurden sie von näher gelegenen Städten abgeschnitten.

zen sie sich in waghalsigem Sturzflug auf die viel größere, aber verdutzte Taube, in deren Vogelhirn die Vogelwelt wahrscheinlich nicht mehr in Ordnung ist.
Helmstedts Innenstadt mit ihrer Fußgängerzone ist nicht häßlicher oder schöner als andere Innenstädte auch, genauso hektisch, genauso Hamburger- und Hot-dog-kultiviert. Auf dem alten Stadtwall, der die Stadt wie ein Gürtel umschließt, fühle ich mich dagegen so weltentrückt wie in Wolfgangs Kloster. Mal führt der Wallring als kleine Gasse durch heimelige Gründerzeit-Schluchten, die weiteste Strecke jedoch als Allee um das alte Helmstedt.
Mit dem frühen Morgen fallen Sonnenstrahlen in den düsteren Klosterfriedhof. Wolfgang und ich sind froh, daß es weitergeht, obwohl wir es nicht aussprechen. Vermutlich sehnt er sich die Ruhe hinter den Klostermauern genauso wieder herbei wie ich die Freiheit unter einem endlosen Himmel. Auf den ersten Metern Straße fühle ich wieder jene Lust, die mir sooft den Aufbruch erleichtert hat: die Neugierde auf das, was der kommende Berg, die nächste Kurve oder ein nahendes Dorf verbergen. Die Sonne scheint, doch es ist diesig. Ich sehe die Landschaft wie hinter einer Milchglasscheibe. Es muß das Lieblingswetter der Kraftwerksdirektoren sein, deren Schornsteine auf DDR- (Harbcke) und BRD-Seite (Offleben und Buschhaus) dem Himmel ihre giftigen Injektionen verpassen. Früher, vor dem Bau der »Schmerzgrenze« (»stern«), versorgte das Kraftwerk Harbcke des VEB Braunkohlekombinats »Gustav Subottka« auch die westlichen Gebiete mit Strom. Bis 1952. Dann war Schluß mit der grenzüberfließenden Energie. Deshalb baute man im Westen das Kraftwerk Offleben. Ein häßlicher Betonkasten, glatt und gleichförmig wie ein überdimensionaler Schuhkarton. Mit sechs Schornsteinen, die höchsten 212 Meter hoch, insgesamt fast ein Kilometer Schornstein.

Als Offlebens Leistungsfähigkeit nicht mehr ausreichte, klotzte der Betreiber Braunschweigische Kohlebergwerke AG ein neues Kraftwerk in Grenznähe auf die braunkohlehaltige Erde, mit einem Schornstein, wie es ihn höher in Deutschland nirgendwo gibt – 300 Meter – das Kraftwerk Buschhaus. Mitte 1985 ging es ans Netz, nach harten Auseinandersetzungen mit Umweltschützern, für die Buschhaus die »größte Dreckschleuder der Nation« ist. Ihre Begründung: Erst 1988, knapp drei Jahre nach Inbetriebnahme, soll das Werk mit einer Rauchgasentschwefelungsanlage ausgerüstet werden. Bis dahin kann es ungehindert Schwefeldioxyd übers Land verteilen. Folgen dieser Luftvergiftung können bei Kindern zu Pseudokrupp, bei Erwachsenen zu Herzstörungen führen. Auch die Klagen von Bürgern aus der Bundesrepublik, Berlin und – ein seltener Fall von Aktionseinheit – der DDR konnten die Dreckschleuder nicht stoppen.
Am Horizont verniedlicht die diesige Luft die Giftküchen zu transparenten Schemenwesen. Während ich nach meiner halben Tafel Frühstücksschokolade eine Weile im Gras liege und auf einem Halm kaue, kann ich mir kaum vorstellen, daß dort Jahr für Jahr 11500 Tonnen Gift, Schwefeldioxyd, in den Himmel gepustet werden und dagegen einfach nichts zu machen sein soll.
Über mir knistern die Leitungen des Elektro-Umspannwerkes Helmstedt so dramatisch, daß ich aus meinen Tagträumen erwache. Die Leitungen durchkreuzen den Himmel wie Spinnengewebe. Sie baumeln an einem Wald von Stahlmasten, mit denen Wiesen und Felder vollgestellt sind. Die landwirtschaftliche Nutzung des Bodens erscheint nur als Nebenzweck, in erster Linie dienen Felder und Wiesen der Technik als Fundament. Den großen Bussard, den ich im Vorbeifahren sehe, verdächtige ich erst, ein Modellflugzeug zu sein, sowenig paßt er hierher. Im

Gegensatz zum Grenzzaun, der sich über die Abraumhalden des Braunkohlebergbaus windet. Er fügt sich nahtlos in diese Landschaft ein, als stünde er schon immer hier. Mittendrin in der Kraterlandschaft der Braunkohlekumpel, wo DDR und BRD häufig Schaufel an Schaufel baggern, steht ein stählerner Dinosaurier, so groß wie ein Mietshaus, ein bandwurmgeschädigter Nimmersatt, dessen unzählige Baggerschaufeln immerfort Erde in sich hineinfressen.

Es wird bergig, der Harz ist in Sicht

Im Vorland des Harzes wird es hügelig. Der Trost für die langgezogenen Steigungen sind die Abfahrten. »Sechser im Streckenlotto« nannte sie der »konkret«-Schreiber Horst Thomayer, der für sein Blatt schon 1978 per »Veloziped« die Grenze abfuhr, allerdings im Eiltempo, mit Rennrad und stilechter Ziegenlederhose. Habe ich einen solchen Sechser, dann ducke ich mich so dicht wie möglich aufs Fahrrad, dem Wind wenig Widerstand bietend, die Augenbrauen schützend über die Augen gekräuselt, damit keine Insekten hineinfliegen, und sause bergab. Der Hundertmeterzähler des Tachos dreht sich so schnell, daß die Zahlen verfliegen. Manchmal erreiche ich soviel Fahrt, daß ich abbremsen muß, um aus der nächsten Kurve nicht herausgetragen zu werden.
Alle paar Meter überquert eine dicke, braungelbe Raupe im Zeitlupentempo meinen Weg. Bei jedem Tier schätze ich ab, ob es die andere Straßenseite wohl gefahrlos vor dem nächsten Fahrzeug erreichen kann. Doch hier, am Ende der Welt, können selbst Schnecken ungefährdet

Straßen überqueren. Eine Wellblechpiste in der Sahara, ein Lamapfad in den Anden, ein Trampelweg am Orinoko oder eine Pinguinroute in der Arktis gegen die Ödnis hinter Jerxheim, wo Igel schon als Hektiker gelten müssen, scheinen mir die entlegensten Wege der Erde wie dichtbelebte Einkaufsstraßen.
Nur einmal habe ich Angst um ein Raupenleben und halte an. Hinter mir kommt ein Sportwagen herangejagt, gerade auf der Seite, wo sich die nichtsahnende Raupe in das waghalsige Manöver der Straßenüberquerung stürzt. Ich nehme sie vorsichtig auf die glatte Handfläche. Das winzige Ungeheuer richtet sich ein wenig auf, als wollte es mich so genauer betrachten. Es ist am ganzen Körper mit braunen, borstenartigen Haaren bedeckt. Unten am Bauch hat es einen gelben Längsstreifen auf beiden Seiten, jeder Körperwulst wird noch durch einen gelben Querstreifen geziert. Die Rolle des Lebensretters gefällt mir. Seit ich mit dem Fahrrad unterwegs bin, hat sich meine Sehweise verändert. Kleine Dinge wie krabbelnde Käfer oder blühende Blumen haben für mich auf einmal Bedeutung. Stundenlang kann ich einem Milan bei der Jagd zusehen. Jedem Rascheln im Gras oder Laub möchte ich am liebsten auf den Grund gehen.
Zu Hause steht ein schnelles Auto, mit dem ich für Zeitungsgeschichten durch Deutschland hetze. Schmetterlinge, Raupen und Käfer, um die ich mit meinem Fahrrad immer einen respektvollen Bogen fahre, habe ich auf meinen Autofahrten nur bemerkt, wenn sie als blutigschleimiger Fleck auf meine Windschutzscheibe klatschten. Vermutlich könnte ich mit dem Wagen nicht einmal einem Hasen oder Reh rechtzeitig ausweichen.
Für den winzigen Kohlfresser auf meiner Hand muß so eine Straße die Ausmaße einer Wüste besitzen. Trotzdem sah ich Raupen die Straße immer ordentlich geradeaus

Wetterseite aus Schiefer eines
Hauses im Harzvorland

überqueren, wie wohlerzogene Schulkinder. So, als wüßten sie genau, was der kürzeste Weg zur anderen Straßenseite ist. Einem verblüffenden naturwissenschaftlichen Phänomen auf der Spur, mache ich einen Test. Meine Raupe wird Versuchstier. Ich setze sie wieder am Straßenrand ab. Kaum haben ihre unzähligen kleinen Füße Bodenberührung, tippelt sie unbeirrt denselben Kurs wie vorher. Ich nehme sie noch einmal auf, drehe sie um und setze sie auf der Straßenmitte ab. Auch mein Trick bringt sie nicht aus dem Kurs. Eine halbe Drehung, dann tippelt sie wieder stur auf ihr Ziel los. Ich bin der Überzeugung, eine grandiose Entdeckung gemacht zu haben. Nicht nur der Orientierungssinn von Tauben oder Fledermäusen muß enträtselt werden, finde ich, auch der von Schmetterlingsraupen.

Altstadtfest in Hornburg

Hornburg rüstet sich zum Altstadtfest. Es ist das wichtigste Volksfest des Ortes, wird seit vielen Jahren veranstaltet und lockt scharenweise Touristen an. Auf den letzten Kilometern vor dem Ort hatten mich bereits unzählige Berliner Autos überholt, deren Besitzer an diesem Freitag vermutlich die Gleitzeit im Büro voll in Anspruch genommen haben und sich um drei Uhr sofort in ihr Auto stürzten, um über die Helmstedter Autobahn noch rechtzeitig nach Hornburg zu kommen. Der Besuch Hornburgs lohnt sich auch sonst. »Rothenburg des Nordens« lautet der Beiname für das Fachwerkstädtchen, dessen Häuser häufig mit Wind- und Wetterseiten aus Schieferplatten oder Tonziegeln geschützt sind. Fachwerk und Mauerwerk sind in frischer Farbe, und die vielfarbigen Schnitzereien und Schriftzüge sind bunt herausgehoben.

Die Eile der Berliner Wochenendurlauber hat sich offenbar ausgezahlt. »Ein Zimmer werden Sie jetzt wohl nicht mehr bekommen«, raubt mir gleich der erste Hotelwirt die Aussicht auf eine Herberge. Ich versuche es dennoch,

Hornburg, das Rothenburg des Nordens. Wegen der verkehrsungünstigen Grenzlage besuchen nur wenige Touristen die romantische Fachwerkstadt.

Ohne Stilbruch liebevoll restauriert: Hornburger Fachwerk

Hornburg schmückt sich für das Altstadtfest, Höhepunkt des gesellschaftlichen Lebens im Ort.

erlebe dreimal bedauerndes Kopfschütteln und dann, ich kann es schon gar nicht mehr glauben, endlich ein Nicken. »Macht 17 Mark«, sagt der Gastwirt Harry Feige (ein zugereister Berliner), »wenn sie für zwei Nächte bleiben.« Ich stimme zu.
Abends laden mich am Bierstand vor seinem »Schützenhof« zwei Dachdecker zum Bier ein. Bei Wolters Pilsener und Korn klagen sie über »das Hauptelend« ihres Berufsstandes: Kaum jemand kann noch richtig Schieferplatten nageln. »Warum nicht?« frage ich. Eine blöde Frage, finden die beiden. Denn wer kann sich heute wohl noch Schieferplatten leisten. Die meisten nehmen Eternit, das kostet nur ein Drittel. Dabei wurden früher fast alle Häuser mit Schiefer gedeckt. Für Dachdecker sei das eine Kunst. »Man muß das Material genau kennen, muß wissen, wie es arbeitet, wann es springt.« Nach fünf Glas Bier und einigem Fachwissen über das Dachdecker-Handwerk verabschiede ich mich von den beiden. Alkoholselig schenken sie mir ein paar ihrer Nägel. »Als Andenken.« Oben im Zimmer nehme ich vor dem Einschlafen eine Kopfschmerztablette. Sie wirkt. Am nächsten Morgen ist mein Kopf klar wie Selterwasser.
Heute ist ein unglaubliches Leben im Ort. Überall auf den Straßen werden Stände und Buden zusammengebaut, vollgepackt mit Bonbons, Eis, Würsten, Weinflaschen, Bierfässern. Es entstehen Bühnen und Kioske, sogar ein Karussell »Duell im Weltraum«, in dem die Kleinen spielerisch den Krieg der Sterne als eine unglaublich spaßige Geschichte erleben. »Während der Fahrt kann man jedes andere Flugzeug abschießen«, sagt die Frau im Kassiererhäuschen aufmunternd durch die Lautsprecher, »ihr müßt nur mit dem Lenkrad ein Flugzeug anvisieren und den Knopf auf dem Steuerhebel eindrücken. Das macht Spaß für jung und alt.«

Je toter die Gegend, desto niedriger die Grundstückspreise. Kostete der Quadratmeter am Schaalsee noch etwa 60 Mark, waren es in Büchen nur noch 40 Mark, in Gartow 27 Mark, und hier verlangt man nur noch 14 Mark. Dafür nehmen die Hornburger die weiten Wege zum Arbeitsplatz in Kauf – nach Braunschweig zu Jägermeister, nach Wolfsburg zu Volkswagen, nach Wolfenbüttel zur Schering AG. Im Ort selbst sind Arbeitsplätze rar.
Samstag abend platzt Hornburg aus allen Nähten. An vier Plätzen spielen Musikgruppen alles von Schlagern bis Country. »Station one«, so heißen die Cowboys aus Braunschweig, spielen John Denvers »Take me home, country roads«, und alle, alle grölen mit. Einige Freaks sind stilecht mit Fransenlederjacke und Stetson gekommen. An anderer Stelle testen »The Funny Boys«, wie weit die Hammel in Deutschland wieder im Gleichschritt marschieren. Band: »Zicke, zacke ...« Hornburger: »... Hoi, hoi, ho.« Band: »Hipp, hipp ...« Hornburger: »... hurra!« Band: »Sieg ...« Hornburger: »... Heil!« Daraufhin die Band: »Aah, hier stecken sie alle.« Hornburger: »Hahaha ...«
In der Riege der humorigen Zuschauer entdecke ich niemanden, der in irgendeiner Form Meinung mit sich herumträgt: Keine Anti-AKW-Sonne und keine Friedenstaube stören den inneren Frieden der 2800-Seelen-Gemeinde, nicht einmal Punkfrisur oder lange Haare signalisieren individuelle Revolte.
Während ich mir Notizen in meinem Tagebuch mache, guckt mir plötzlich so unverfroren neugierig eine junge Frau mit langgestrecktem Hals ins Buch, daß ich mit dem Schreiben aufhöre und sie einen Moment lang sprachlos anstarre. »Was schreibst du denn da?« fragt sie, anscheinend ohne jedes schlechte Gewissen wegen ihres ungebührlichen Benehmens. Ihre burschikose Art gefällt mir, so kommen wir schnell ins Gespräch. Doris ist 37, verhei-

ratet mit einem Ingenieur und Mutter eines kleinen Mädchens. Glücklich, daraus macht sie keinen Hehl, fühlt sie sich »in diesem Nest« nicht.
Und sie schüttet mir ihr Herz aus, so sintflutartig, wie man es eigentlich nur bei guten Freunden macht. »Oder Fremden wie du, die am nächsten Tag weiterziehen«, sagt sie. Schon als junges Mädchen hatte sie den kleinbürgerlichen Mief in Hornburg satt, und so ging Doris hinaus in die Welt. Die abenteuerliche Welt vermutete sie in Hannover – der nächsten Großstadt. Doch das Abenteuer fand nicht statt. Ohne Kontakte, allein und einsam, hielt sie es nicht lange aus und kehrte nach Hornburg zurück. Dort heiratete sie, bekam ein Kind, baute ein Haus, und alles schien in ruhigen und ordentlichen Bahnen zu laufen. »Aber mit einemmal bohrte ständig die Frage in mir: Soll das schon alles gewesen sein?« In Hornburg, da ist sich Doris sicher, »würde diese Frage nur Kopfschütteln hervorrufen«.
Während wir uns zu den Klängen der »Funny Boys« unterhalten, werden wir fortwährend von vorbeiziehenden Menschen angegafft. Die Blicke sind wie Zeigefinger, und dann sagt auch plötzlich eine Frau: »Du stehst ja immer noch bei dem, das muß ja ein interessantes Gespräch sein.« Einen Augenblick später fragt ein Bekannter von Doris: »Wo ist denn eigentlich dein Mann?« Auch das ein Fingerzeig. So geht das mehrmals hintereinander, mit ähnlichen Fragen, aber gleichen, mißbilligenden Blicken. Zwei Stunden lang treibt Doris ihre Provokation örtlicher Moral auf die Spitze, dann verabschiedet sie sich, »sonst bin ich hier erledigt, und mein Mann ist abgestempelt als Hampelmann«.

Auf zum Torfhaus!

Sonntagmorgen, pünktlich zum Start in die Harzhöhen, die mir schon Wochen vor meiner Tour Angst machten, beginnt ein feiner Nieselregen. Von Hornburg geht's über Schladen nach Vienenburg. Die ganze Strecke unterm Regencape. Ohne jede Warnung wird die Bundesstraße mit einemmal für fünf Kilometer Autobahn. Unverständig glotzende Beifahrer drücken ihre Nasen an den regennassen Autofenstern platt und begaffen meine Strampelei auf dem Randstreifen. Einige zeigen mir sogar einen Vogel, obwohl ich mich an meiner Irrfahrt völlig unschuldig fühle. Ihre Gesten gebühren den Technokraten, die dieses undurchsichtige Straßenverwandlungs-Rätsel inszeniert haben, aber die sitzen trocken in irgendwelchen Büros, kein bißchen schuldbewußt, Kaffee schlürfend, während ich mir die Wasserfahnen des vorbeirasenden Mobs ins Gesicht spritzen lassen muß. Vor ein paar Wochen selbst noch leidenschaftlicher Autofahrer, verfluche ich sie alle – pauschal. Für gerechte Differenzierungen fehlt mir augenblicklich die Souveränität.

An der ersten Abfahrt verlasse ich das Autobahnabenteuer, es dauert eine Weile, bis ich das Straßendurcheinander auf der Generalkarte entwirrt habe. Gegen 14 Uhr erreiche ich Bad Harzburg. Die ersten langgezogenen Steigungen schaffe ich ohne Abstieg.
Die nächste Unterkunft auf meiner Route, verrät mir die Harzkarte vor dem Kurzentrum, liegt in Torfhaus, hoch oben in den Harzbergen. Unkundig im Bewältigen von Höhen rätsele ich eine Weile unsicher herum, ob ich es wohl vor Dunkelheit noch bis dorthin schaffen würde. Schließlich frage ich ein älteres Ehepaar. »Etwa drei Stunden«, schätzt der Mann, »mit Schieben.«
Hinauf nach Torfhaus und weiter nach Braunlage führt eine vierspurige Schnellstraße, auf der die Autos in hohem Tempo dahinjagen. Ich lerne die Fahrer nach ihren Fahrzeugtypen einzuordnen: Die meisten Fahrer von BMWs und den neuen schnellen Mercedes-Modellen rasen die Harzberge hoch – ungebändigt von Tempobeschränkungen –, als ginge es um Leben oder Tod. Diese Möchtegernrennfahrer jagen derart dicht an mir vorbei, daß ich vom Fahrtwind ins Straucheln gerate. Dabei habe ich schon so genug Probleme, mein schwerbepacktes Fahrrad bergan auf geradem Kurs zu halten.
Die älteren Mercedes-Modelle werden eher von ruhigen Typen gelenkt. Sie machen einen weiten, sicheren Bogen um mich. Bei solch Kaltblütlern unter den Autos brauche ich keine Angst zu haben. Waffenscheinpflichtig aber sollte man den Kauf von Opel Manta-Modellen und Volkswagen Golf GTI machen. Deren Fahrer, offenbar ständig im Beweiszwang ihrer fahrerischen Qualitäten, fangen immer dann das Rasen an, wenn sie von einem schneller scheinenden Fahrzeugtyp überholt werden. Am liebsten, weil ungefährlichsten, sind mir biedere Familienkutschen und Kombiwagen.

▲ Schützenfest ▼ Prunkvolles Fachwerkhaus

Kraftwerk Offleben

▼ Braunkohletagebau

▼ Helmstedt

▲ **Hornburger Altstadtfest**

▲ **Hornburg**

Torfhaus, Harz

▼ **Vor Friedland**

▼ **Knecht auf Gutsherrenland**

▲ Anschauungsunterricht ▼ Extreme Grenzlage

▲ Rednerpodest für die 40-Jahr-Feier in Friedland ▼ Kleinbauern

▲ Bandwurm Grenze

▲ Verwaister Bahnhof Frieda

Kaliberge in Philippsthal

▼ Grenztouristen in Philippsthal

▼ Bauarbeiten am Zaun

▲ An bayerischem Grenzweg

▲ Grenzaussichtspunkt »Bayernturm«

Blankenberg an der Saale

▼ »Rebellendorf«

Ermershausen ▼

Geteiltes Dorf Hirschberg

▼ Gotteskreuz ...

▼ ... und Soldatenkreuz am Dreiländ

Bis zum Höhenschild 440 Meter keuche ich den Berg hoch. Den motorisierten Gleichlauf von Beinen, Armmuskeln, Herz und Lunge unterbrechen drei junge Leute aus Göttingen. Ihr rostiger Käfer steht mit leerer Batterie auf einem Parkplatz am Straßenrand, der Fahrer hat die Scheinwerfer brennen lassen. Mit zitternden Knien steige ich vom Rad und helfe beim Anschieben.
Als ich wieder aufs Fahrrad steige, ist der Geist zwar willig, aber zu sagen hat der Körper. Und in den bekomme ich den notwendigen Gleichlauf nicht mehr hinein, Arme, Beine, Herz und Lunge wollen nicht weiter. Nach zehn, zwanzig Metern gebe ich auf. Schieben. Gegen den Berg, der sich grau und bösartig vor mir auftürmt, eingehüllt in wattigen Nebel.
Weißer Dampf steigt aus den Tannenwäldern rechts der Straße, wie der warme Atem eines Riesen. Einige Ahornbäume tragen bereits Blätter in der ganzen Palette von Rottönen, Schlußlichter des Altweibersommers. Inmitten immergrüner Kiefern und Fichten sind die Ahornbäume wie Punks. Ihre sterbenden Blätter zieren einen Baum mal mit einem roten Streifen, mal mit roten Sprenkeln, und ein anderes Mal ist es genau eine Baumhälfte, die rot leuchtet.
Da es auf Erden keine Unendlichkeit gibt, endet auch mein Leiden, ich komme ans geplante Etappenziel. Torfhaus, etwa 800 Meter hoch. Zwei Stunden habe ich für die elf Kilometer von Bad Harzburg gebraucht, gegen den Berg, gegen den Regen, gegen das Spritzwasser, gegen meinen Körper. Ich bin abgekämpft, aber zufrieden.
Am Aussichtspunkt Torfhaus ist heute kaum Betrieb. Bei gutem Wetter kann man von hier aus den Brocken (1142 Meter) in der DDR sehen. Er sei der schwierigste Berg der Erde, witzelt man drüben – weil niemand rauf kann. Dort ist Sperrgebiet, aber so ganz stimmt der Witz doch nicht,

denn die Sowjets betreiben auf dem Gipfel einen vollelektronischen Lauschposten, mit dem sie weit in den Westen hineinhorchen können. Das westliche Gegenstück, mit einer gewaltigen Parabol-Antenne, steht nur eine Steinwurfweite vom Parkplatz Torfhaus entfernt.
Von Zeit zu Zeit, so erzählte mir Wolfgang in Helmstedt, finden hier makabre Spiele statt. Jagdflugzeuge der Bundeswehr fliegen bis dicht an die Grenze heran. Sie sollen das Frühwarnsystem der DDR provozieren, Abwehrmaßnahmen einzuleiten. Die werden dann mit elektronischem Gerät aufgezeichnet. Auf diese Weise gewinnt man im Führungsstab der Bundeswehr Erkenntnisse über die Flugabwehr der NVA. In solchen Manövern – Wolfgang erfuhr es von einem Luftwaffensoldaten, der auf einer Radarstation im Harz Dienst tat – fliegen die Jäger direkt auf die Grenze zu und drehen erst im allerletzten Moment ab.
Vor mehr als 200 Jahren war Goethe hier. Beim Förster im »Torfhaus« fand er damals Herberge und ritzte seinen Namen ins Fensterkreuz, nach Touristenart. Das heutige »Torfhaus« ist nicht das echte aus Goethes Tagen. Das richtige wurde 1896 vom Blitz getroffen und brannte ab. An seiner Stelle steht jetzt ein modernes »Sporthotel Brockenblick«, mit einem »phantastischen Blick auf den Brocken«, wie der Wirt schwärmt. Einschränkend fügt er hinzu: »Wenn das Wetter gut ist.«
Goethe stieg damals von hier aus auf den Brocken. Drei Stunden brauchte er für den Marsch durch die winterlichen Wälder. Oben schrieb er euphorisch: »Heitrer herrlicher Augenblick, die ganze Welt in Wolcken und Nebel und oben alles heiter. Was ist der Mensch daß du sein gedenckst.«
Die nächsten elf Kilometer, die ich mir dann nach Torfhaus noch vornehme, geht die Fahrt fixer. Nicht wegen des

Westlicher Lauschposten am Harzer Torfhaus

Glases Glühwein, den ich am Kiosk in Torfhaus getrunken habe. Auch nicht wegen der stärkenden Bockwurst. Es geht fast nur noch bergab. Eine halbe Stunde brauche ich, dann bin ich in Braunlage. Die Zimmersuche in dem Touristenort dauert länger, aber schließlich finde ich im »Hotel Berlin« ein warmes Zimmer mit Dusche und eine freundliche Wirtin, die sich sogar um mein Fahrrad sorgt. »Stellen Sie es ruhig in unsere Garage.«

Am nächsten Morgen habe ich die letzte hohe Harzsteigung vor mir. Der Weg hinauf nach Hohegeiß (600 Meter) ist beschwerlich, doch muß ich nicht vom Rad. Eine Weile führt ein Fußweg wie eine Promenade am Grenzzaun entlang. »Ferienzentren« lautet die Umschreibung für einige häßliche Hotelkästen, die als karikierende Denkmäler des Massentourismus inmitten 400 Millionen Jahre alter Harzberge stehen.

Abwärts ist die Fahrt eine Gaudi. Ich benutze nicht die direkte Straße nach Zorge, sondern fahre auf der alten Landstraße B 4, die für den Verkehr gesperrt ist, vier Kilometer immer am Zaun entlang bis zum »Jägerfleck«. Hier unterbricht die Grenze den Straßenverlauf. Ich muß seitlich in den Wald abbiegen, von dort führt ein fester Wanderweg hinab ins Kunzental nach Zorge. Durch dunklen Tannenwald geht es am Bach entlang, an einigen Stellen atemberaubend steil bergab. Dabei staken die weißen Warnschilder mit dem »Halt. Hier Grenze!« manchmal in engen, nur handtuchbreiten, finsteren Schluchten, in denen ein nicht mal meterbreiter Graben den Grenzverlauf markiert.

Katholisch im protestantischen Umfeld: das Eichsfeld

Wieder im Harzvorland, ist das Radfahren weniger schweißtreibend. Mir ist an manchen Orten, als hätte ich sie schon einmal gesehen. Du fährst durch eine Landschaft, plötzlich ein Haus, eine Straßenecke, eine Szene, du denkst, du seist in einer Fernsehwiederholung. Alles hast du irgendwann schon mal erlebt. Nur wo und wann weißt du nicht mehr.

Tettenborn ist Deutschlands Version eines Provinznestes im mittleren Westen der USA. Die Einstiegseinstellung für einen Film des »New Movie« der siebziger Jahre. Hier muß Wim Wenders gewesen sein, als er »Im Lauf der Zeit« drehte, die Geschichte eines Mannes, der mit einem umgebauten Möbelwagen durchs Grenzland fährt und in Provinzkinos Filmprojektoren repariert.

Am Ortseingang steht ein verkommenes, leerstehendes Hotel, davor ein großer, alter Bus, umgebaut zu einem rollenden Laden für Markisen und Alu-Vordächer. Kein Mensch zu sehen. Irgendwo kräht sich ein Hahn die Lunge aus dem Hals. Am Ortsausgang dämmert eine leerstehen-

7
6
6

Der Grenzübergang Duderstadt-Gerblingerode wurde erst 1973 im Rahmen des kleinen Grenzverkehrs eröffnet.

de Tankstelle vor sich hin. Der Wind weht ein paar erste Herbstblätter über die Asphaltpiste. Über dem Geschehen, das keines ist, wacht auf einem Hügel über dem Kaff ein Wachturm.
In Barbis, wieder heraus aus dem Wenders-Film, lande ich um ein Haar erneut auf einer Schnellstraße, die wie eine Autobahn ausgebaut ist und auf der Fahrradfahren nicht erlaubt ist. Verwirrt suche ich auf der Karte nach einem Ausweg aus dem Straßengewirr. Ein Rentner, der schon von weitem mit der freien Hand herumfuchtelt, während er mit der anderen Hand sein Fahrrad extra meinetwegen die verbotene Auffahrt hochsteuert, ruft: »Da dürfen Sie nicht fahren, oder haben Sie eine Sondergenehmigung?« Die habe ich nicht, also halte ich mich an die Empfehlung des Mannes und gelange auf ungefährlicherem Weg nach Rhumspringe. Dort muß ich mich, schon reichlich k. o., entscheiden: entweder die kurze, nur acht Kilometer lange Strecke nach Duderstadt oder zum selben Zielort auf der wesentlich längeren Route immer an der Grenze entlang. Ich bekämpfe erfolgreich den aufkommenden Selbstbetrug reiner Bequemlichkeit – den längeren Weg.
Der dicke Packen Straßenkarten im Maßstab 1:200 000 ist mein Wegweiser durchs Grenzland. Bei meiner Fahrt stütze ich mich hauptsächlich auf Generalkarten, die jeweils für das Gebiet gültige klemmt unter der Klarsichthülle meiner Lenkertasche, die restlichen zehn für die anderen Strecken stecken in den Satteltaschen. Die Karte in der Tasche muß ich manchmal dreimal am Tag umfalzen, wenn ich mit dem Fahrrad in ein anderes Kartenteil wechsle.
Eigentlich wollte ich mich nicht zum Abhängigen der Straßenkarten machen lassen. Aber ganz konnte ich ihrer Tyrannei doch nicht entkommen, denn hinter Lauenburg war das Land für mich so unbekannt wie irgendeine verschwie-

gene Südseeinsel. Auch die Ortsnamen waren böhmische Dörfer, außer größeren Städten wie Helmstedt und Hof kannte ich keines der Nester. Damit fehlte mir im Kopf jeglicher Orientierungspunkt, mir blieb also gar keine andere Wahl, als ständig auf die Straßenkarte zu sehen.
Meine Freiheit bestand indessen darin, nicht sklavisch genau den dichtesten Weg am Zaun entlangzufahren. Durchs Grenzland wollte ich, dazu zählte ich den gesamten Landstrich in etwa fünf Kilometer Breite vom Grenzzaun. Was sollte auch die Prinzipienreiterei, immer im Schatten des Zaunes zu bleiben, führte der Weg dort entlang doch meist über verlassene, menschenleere Pfade, von denen ich ebensoviel übers Grenzland erfahren konnte wie von einem Taubstummen.
Ich fahre auch nicht in jede Stichstraße hinein, die irgendwo am Zaun endet. Insgesamt sind 23 Bundesstraßen und Autobahnen, 140 Landstraßen und Tausende von lokalen Wegen durch die Grenze unterbrochen. Will ich bis zum Zaun, muß ich auf diesen Sackgassen bis zu vier Kilometern von meiner eigentlichen Route abweichen, hin und zurück sind es schon acht Kilometer. Allein mit diesen Extratouren auf amputierten Straßen hätte ich Wochen zubringen können.
Hier im Eichsfeld sind die Straßen katholisch. Jesusbildnisse stehen so häufig am Straßenrand wie Hinweisschilder. Jesus leidet in Stein, Kunststoff, Holz und Eisen, Jesus leidet bunt bemalt, einfarbig weiß oder in Materialstruktur. Das Leiden hat manches Mal fast menschliche Züge, dann fühle ich mich auf dem Fahrrad wie ein Schlappschwanz und unterdrücke für eine Weile mein leidvolles Stöhnen.
Der Boden unter dem Asphalt der Straße ist von Blut durchtränkt. Fürsten und Könige führten im Lauf der Jahrhunderte Dutzende von Kriegen um das Eichsfeld. Die

Bewohner wurden erschlagen, unterdrückt, von einem neuen Herrn zum nächsten geschubst. Ab 1802 mußten sie den Preußen dienen, von 1807 an dem napoleonischen Königreich Westfalen, 1813 wieder den Preußen, 1816 teilweise dem Königreich Hannover und den Preußen, 1866 endgültig den Preußen. Die teilten das Eichsfeld ihren Provinzen Sachsen und Hannover zu, eine Aufteilung, die kaum von Bedeutung war. Erst rund achtzig Jahre später, als die Welt nach dem Zweiten Weltkrieg in Trümmern lag und neu aufgeteilt wurde, sollte dieser Grenzziehung eine dramatische Bedeutung zukommen.
Unter der Herrschaft der Kurfürsten von Mainz wurden die Eichsfelder katholisch und blieben es. Inmitten einer evangelischen Umwelt. Für Bismarck, der Katholizismus mit Rückständigkeit gleichsetzte, war die katholische Enklave Eichsfeld immer ein ungeliebtes Kind. Staatliche Zuwendung blieb unter preußischer Herrschaft aus, Arbeitslosigkeit trieb die Eichsfelder in Heerscharen aus ihrer Heimat in die Fremde. Sie wanderten nach Amerika aus, zogen in die Großstädte und Industriegebiete oder verdingten sich als Saisonarbeiter.
Preußischer Geist war nicht reinzukriegen in die Eichsfelder, ebensowenig wie die Gedanken Martin Luthers oder der Nationalsozialismus der Nazis – auch nicht durch Prügel. Bei den Wahlen 1933, als Hitler schon reichlich Hand anlegen ließ, um das Ergebnis zu seinen Gunsten zu gestalten, bekam er im Eichsfeld nur 22 bis 24 Prozent. Wie eine Bastion ragte das Eichsfeld aus dem Einheitsbraun der Umgebung heraus, wo die Landkreise längst mit fliegenden Fahnen den Nazis folgten.
Das Gasthaus heißt »Zur Endstation«, und es soll für heute auch meine werden. Vorher will ich noch schnell zur »Aussichtskanzel« Brochthausen hinauf. Grenzaussichtspunkte, Grenzübersichtspunkte, Grenzaussichtstürme hatte ich

Im katholischen Eichsfeld leidet Christus am Kreuz in Holz, Stein, Eisen und Kunststoff.

Die schöne Aussicht, verrammelt und verriegelt

unterwegs schon viele gesehen. Meist handelt es sich um einen hölzernen Turm, von dem aus man einen Überblick über die Grenzanlagen hat. Aber »Aussichtskanzel«, das hatte ich nirgendwo gelesen, es klingt vielversprechend.
Die Auflösung des Rätsels »Aussichtskanzel« versperrt mir ein steiler Hang, der sich hochhausgroß vor mir auftürmt. Etwas Steileres bin ich fahrend noch nie im Leben hochgekommen. Die Wadenmuskeln reißen, als würden sie von Dornenbüschen in Streifen gefetzt, die Oberschenkel stechen wie nach einem schlimmen Sonnenbrand, das Kniegelenk brennt, als hätte es jemand angezündet, die Lunge lodert wie die eines feuerspeienden Drachens, der Kopf schwillt an wie ein großer, roter Luftballon, der jeden Augenblick zu zerplatzen droht.
Oben klappe ich zusammen, hänge den keuchenden Oberkörper über den langen, schmalen Sattel und ziehe pfeifend Frischluft in die Lungen. Der Ausblick von der »Aussichtskanzel« – eine Holzplattform, ein paar Meter über einen Abhang gebaut – mit einem Sichtfeld auf das DDR-Dorf Zwinge, dessen verwaisten Bahnhof und eine Fabrik entschädigt nicht für die Tortur der kräftezehrenden Auffahrt. Nur der Gedanke an den nahen Gasthof – ein heißes Duschbad, ein kühles Bier, ein großes Steak, ein weiches Bett – hält mich noch auf den Beinen.
Daraus wird aber nichts. Die Wirtin mustert mich nach meiner Frage (»Haben Sie ein Zimmer frei?«) von unten bis oben. Der Blick stößt sich an meinen staubigen Schuhen, stört sich an den Hosenbeinen der Jeans, die meine Hosenschützer zerknittert haben, echauffiert sich an dem verschwitzten Holzfällerhemd und haftet schließlich, schon deutlich Ablehnung, an meinen verklebten, schweißnaßen Haaren. »Tut mir leid, wir haben nichts frei.« Das Bedauern ist leere Floskel, eine andere Unterkunft könne sie mir nicht nennen. Auf Wiedersehen.

Meine Erfahrungen mit den Wirten des Grenzlandes waren auf den zurückliegenden Kilometern oft ähnlich. Die Zeiten, in denen Leute jeglichen gesellschaftlichen Standes sich per Fuß durch die Welt bewegten, Wandern gar als schick galt und die Wirtsleute Wanderer mit gebührlichem Respekt behandelten, sind augenscheinlich passé. Die meisten Wirte sind unfreundlich, mürrisch ablehnend. Wie ein Bittsteller kam ich mir manchmal vor, wenn ich nach einem Zimmer fragte. Dabei kann man am Ende der Welt längst nicht mehr für ein Trinkgeld übernachten. Dreißig Mark sind der Durchschnitt. Inklusive eines häufig miesen Frühstücks, das aus dünnem Kaffee, abgepacktem Brotaufstrich und trockenem Brot besteht. Die Butter ist manchmal so knapp bemessen, daß man sie auf drei Scheiben Brot nur mit dem Parfümzerstäuber flächendeckend verteilen könnte.
Später habe ich mir dann etwas einfallen lassen, um als Fahrradreisender ebenfalls wie ein Mensch behandelt zu werden. Zu meiner Ausrüstung gehört auch ein großes Teleobjektiv mit 300 Millimeter Brennweite und einer hohen Lichtstärke von 2,8. Entsprechend dieser Lichtstärke ist das Objektiv ein gewaltiger Klotz, dem selbst ein Laie seinen hohen Preis ansieht. Immer wenn ich völlig kaputt in einem Ort ankam und nicht lange nach einem gastfreundlichen Wirt suchen wollte, der Gäste unabhängig von ihrer Erscheinung behandelt, holte ich vorher das Objektiv aus seinem Lederköcher. Ich setzte es an die Kamera und hing mir die Telekanone lässig um die Schulter. So betrat ich den Gastraum.
Der mißtrauische Blick blieb dann jedesmal an dem gewaltigen Objektiv hängen und erhellte sich merklich. Der erkennbare Wert der Telelinse übertünchte meine augenscheinliche Wertlosigkeit. Kamera und Objektiv werteten mich auf. Ich fühlte mich wie eine Prostituierte, die mit

Schminke, Puder, kurzem Rock und dünner Bluse etwaige körperliche Makel überstrahlen will. Nach anstrengender Tagestour war mir das egal. Der Zweck heiligt die Mittel, sagte ich mir.

Auch meine Fragestellung änderte ich. Fragte ich anfangs immer: »Haben Sie noch ein Zimmer frei?« forderte ich später einfach: »Ein Einzelzimmer, bitte.« Mit der Frage nach dem freien Einzelzimmer machte ich es unfreundlichen Wirten zu einfach, mich abzuwimmeln. Ein »Nein« genügte, mich fortzuschicken. Meine Analyse der Gastwirtspsyche traf voll ins Schwarze: Mit verändertem Entree und dem Objektiv-Trick bekam ich immer ein Zimmer und wurde freundlich behandelt.

Verregnetes Intermezzo

Draußen regnet es Bindfäden. Die Perlschnüre von Wasser, die wechselnder Wind mal aus dieser, mal aus jener Richtung vom Himmel treibt, rauben mir die Lust am Weiterfahren. Aber was soll ich bei Regen in Duderstadt, dessen Fachwerkarchitektur man auch nur bei trockenem Wetter ablaufen kann? Also klöne ich ein Weilchen mit der Wirtin des Hotels »Budapest«. Sie stammt eigentlich aus Jugoslawien, »aber aus einem Ort nur dreißig Kilometer von der Grenze weg, der die meiste Zeit zu Ungarn gehörte«. Selbst ihre mittlere Reife hat sie in Ungarisch abgelegt. Stolz ist sie auf ihr Restaurant und Hotel. »Unsere Gäste sind international«, sagt sie und legt mir zum Beweis ihr Gästebuch vor. Darin kleben bunte Visitenkarten wie die Oblaten in einem Poesiealbum. Die meisten stammen von Managern und Besitzern orthopädischer Firmen, Geschäftspartner von Duderstadts größtem Unternehmen, der Firma Otto Bock. Zu den Kärtchen haben sie gereimt, gelobt, gedichtet. Eine Fanpostkarte stammt von Friedrich Nowottny. Als mich die Wirtin bittet, doch auch

etwas einzutragen (»Vielleicht werden Sie mit ihrem Buch ja mal berühmt«), packe ich meine Sachen.
Wenn der Regen senkrecht vom Himmel fällt oder von hinten kommt, dann macht er dir auch auf dem Fahrrad nicht allzuviel aus. Unangenehm ist dagegen seitlicher und vor allem entgegenkommender Regen, womöglich noch getrieben von starkem Wind. Du fährst dann wie gegen den Strahl eines Wasserschlauchs an, die Feuchtigkeit leckt an dir herunter wie ein Eis in Kinderhand.
So ergeht es mir die ersten Kilometer hinter Duderstadt. Nach zwei Kilometern, in Tiftlingerode, gebe ich vorerst auf. In einem Bushaltestellenhäuschen finde ich Schutz. Weit und breit ist auf der Straße niemand zu sehen. Gegen die Langeweile und den Hunger kaufe ich in dem nur ein paar Meter entfernten SPAR-Laden einige Tafeln Schokolade. Ab und zu kommt ein Auto vorbei, einen langen Wasserschweif hinter sich herziehend. Dem Himmel ist keinerlei Gesinnungsänderung anzusehen. Gleichförmig grau drückt er auf meine Laune. Warten auf Besserung ist aussichtslos, also weiter.
Unter dem Regencape bist du auf dem Fahrrad mit dir und der Natur ganz allein. Der Wind verstärkt sich im Hohlraum der Kapuze zum Orkan. Regentropfen hämmern wie Trommelschläge auf die Gummihaut. Sie riegelt dich von den Geräuschen der Straße ab. Erst wenn sie mich überholen, bemerke ich die von hinten kommenden Fahrzeuge.
Bei Regen meiden auch die Tiere die Straße. Keine Schnekke, keine Raupe, keine Maus, kein Eichhörnchen, kein Reh wechselt vor mir die Straßenseite. Bei Regen ist die Straße nur Friedhof: Aus dem Leichnam eines schwarzweißen Vogels krabbeln weiße Maden, eine tote Katze starrt mich aus schwarzen, leergefressenen Augenhöhlen an, einen plattgefahrenen Igel spült das Regenwasser vom Asphalt. Frohe Gedanken wollen da nicht aufkommen.

Grenzdurchgangslager Friedland

Nesselröden liegt nur zwölf Kilometer von Göttingen entfernt, und doch ist es mehr als eine Ewigkeit. Im Bushaltestellenhäuschen, wo ich das Abschwellen des zunehmenden Regens abwarte, künden Plakatreste längst vergangene Veranstaltungen an, den Tanz in den Mai eines Gewerkschaftsverbandes, eine Veranstaltung der Musikwerkstatt Duderstadt, eine Disco »für jung und alt« im »Kurmainzer Eck«.

Bald verschwinden auch die Kreuze am Straßenrand, das Land glaubt wieder protestantisch. Mit kleinen Unterbrechungen regnet es den ganzen Tag. Regenpausen nutze ich, um mir den Bauch voll Pflaumen zu schlagen. Mein Schlaraffia steht am Straßenrand, trägt Pflaumen, Äpfel, Birnen und gehört offenbar niemandem. Welcher obstspendende Supermarkt für mich der richtige ist, erkenne ich mittlerweile auf den ersten Blick. Denn nicht jeder Baum läßt mich an die Früchte, trotz aufgebäumter 181 Zentimeter reiche ich manchmal nicht einmal bis an die untersten Zweige heran. Meine Beute landet in der Foto-

tasche am Lenker, aus der ich mich während der Fahrt bediene. Mit vollem Mund murmele ich ein Lob auf die Menschen, die einst die Bäume an den Straßenrand pflanzten.
Abends erreiche ich Friedland. Die ersten Gesichter, in die ich blicke, sind wie ich Fremde: ein Vietnamese, Asiaten aus Pakistan, Afghanistan oder Bangladesch. Auf dem Parkplatz stammen die einzigen Fahrzeuge mit ausländischen Kennzeichen aus Polen. Fiat-Autos aller Größen, sogar ein Mercedes neuester Bauart.
Ein junges Mädchen, das ich erst nach einem Zimmernachweis, auf ihren ratlosen Blick dann nach dem »Rathaus oder Marktplatz?« frage, antwortet so fassunglos,wie ich es noch nirgendwo hörte: »In diesem Kaff?« Und als ich eine Weile überraschend schweige: »Weißt du eigentlich, wo du hier bist?« Das fragt sie so, als stamme ich vom Mars und geistere durch eine mir völlig unbekannte Welt.
Zimmer finde ich in Friedland nicht. Im einzigen offenen Gasthof des Ortes ist die Theathermannschaft des Jugendtheaters »Korkenzieher« aus Fulda untergebracht. Am Abend wollen sie für die Bewohner des Grenzdurchgangslagers Friedland ihr Stück »Verflixt und zugenäht« spielen. Eine Pension ist »leider belegt«, die Wirtsleute einer anderen sind weggefahren.
Es gießt in Strömen. Der Regenschutz übt seine Funktion längst nicht mehr aus. Das Wasser läuft mein Gesicht hinunter in den Hemdkragen, prasselt auf Oberschenkel und Bein. Bald klatscht mir die Jeans wie ein nasser Feudel um die Waden. In Marzhausen, nur anderthalb Kilometer weiter, stehe ich schließlich naß wie ein durchtränkter Schwamm vor dem Gasthof. Ruhetag. Es hilft kein Sturmläuten, niemand öffnet. Nur hinten auf dem Hof kläfft wütend ein Hund.
Minuntenlang stehe ich untätig vor dem verrammelten Gasthof. Was soll ich auch tun, nirgendwo ein Unter-

schlupf, nirgendwo ein Mensch. Die Zeit rinnt träge dahin wie das Wasser auf meinem Körper. Es dämmert schon. Einfach irgendwo zu klingeln und nach einem Gasthof fragen, das traue ich mich nicht. Endlich hastet ein schwarzer Regenschirm an mir vorbei, unter dem mir eine Frau verrät, wo der nächste Gasthof liegt. »In Hebershausen, ungefähr fünf Kilometer von hier.« Fünf Kilometer unter einer aufgedrehten Dusche, dagegen kommt mir die Sintflut wie ein lächerlicher Regenschauer vor. Es wird dunkel. Unter meinem Gummischutz fühle ich mich so mutterseelenallein und von der Welt verstoßen. Am liebsten würde ich umkehren, zurück in meine warme Hamburger Wohnung, ein gutes Buch lesen, mit meinem Kater spielen, gut essen, dazu einen erlesenen Chianti. Statt dessen radele ich durch den verregneten Abend, als sei der Leibhaftige hinter mir her.

Der Anblick des Gasthofs »Zur Linde« läßt mich fast in Tränen der Wut und Verzweiflung ausbrechen. Alles liegt im Dunkeln, ich verfluche die vermeintliche Dummheit der Gastwirte, ihr berechtigtes Ruhebedürfnis ausgerechnet alle am selben Wochentag zu pflegen, und erkenne dann aber doch eine kleine brennende Funzel hinter der Scheibe. In mir keimt neue Hoffnung. Die Tür zur Gaststube ist offen. In der spärlich beleuchteten Wirtsstube hängt ein Gast auf einem Barhocker, hinterm Tresen putzt eine Frau Gläser.

Bei dem Regen traue ich mich nicht, die Kamera auszupacken und das große Objektiv dranzusetzen. Durchnäßt und verknittert mache ich gewiß nicht gerade einen vertrauenerweckenden Eindruck auf die Wirtin. Aber die mustert mich eher mitleidig als mürrisch. Natürlich könne ich ein Zimmer bekommen. Zu essen gibt's auch etwas. Mir ist wie Weihnachten. Am liebsten würde ich der Frau um den Hals fallen, so gut fühle ich mich. Vergessen ist die

Wehleidigkeit, mit der ich eben noch an Aufgeben gedacht habe. Vergessen das Kapitulieren vor der heranbrechenden Dunkelheit. Vergessen die Sehnsucht nach Zuhause. Und vergeben ist den Gastwirten, unter denen es doch noch gastfreundliche Exemplare gibt.

Oben im Zimmer packe ich Sattel- und Fototasche restlos aus und verteile alles zum Trocknen in dem kleinen Raum. Ich selbst schäle mich aus den feuchten Klamotten und tausche sie gegen trocknere aus. Ganz trocken hat zwar kein Kleidungsstück die Regentour in der Satteltasche überstanden, aber trockener als alles, was mir am Körper klebt, sind sie dennoch.

Der Schweinebraten mit Bratkartoffeln ist wie eine Offenbarung. Mit dem Nachtisch aber habe ich Schwierigkeiten. Meine Hand ist vom Halten des Lenkrades so verkrampft, daß ich kaum noch Kraft besitze, die Pfirsiche mit dem Löffel in zwei Hälften zu teilen. Nach zwei Litern Bier habe ich die Bettschwere, um wie ein Murmeltier zu schlafen.

Am nächsten Tag habe ich Glück. Das Grenzdurchgangslager Friedland feiert sein vierzigjähriges Jubiläum, da ist Herr Marquardt, der Lagerleiter, aufgeschlossen gegenüber jeglichem Interesse. Zusammen mit drei Kollegen vom Privatfernsehen APF klärt er mich auf. Gegründet wurde das Lager am 19. September 1945 als Notaufnahmelager für rückkehrende deutsche Kriegsgefangene. 1950 bekam es den Status eines Grenzdurchgangslagers. Herr Marquardt drückt mir »zum besseren Verstehen« die Broschüre »25 Jahre Friedlandhilfe e. V. – Deutsche helfen Deutschen« in die Hand. Während der Lagerleiter Zahlen und Daten herunterrasselt, blättere ich in der Broschüre. Auf den Seiten 58/59 werden Aussiedlerkinder präsentiert wie einst in Deutsch-Ostafrika »zivilisierte« Bantu-Neger. Im stilechten Kolonialherren-Jargon steht darunter: »Das

Ministerpräsident Albrecht will Friedland zum 40jährigen Bestehen besuchen, da wird noch schnell die Lagerkapelle frisch gestrichen.

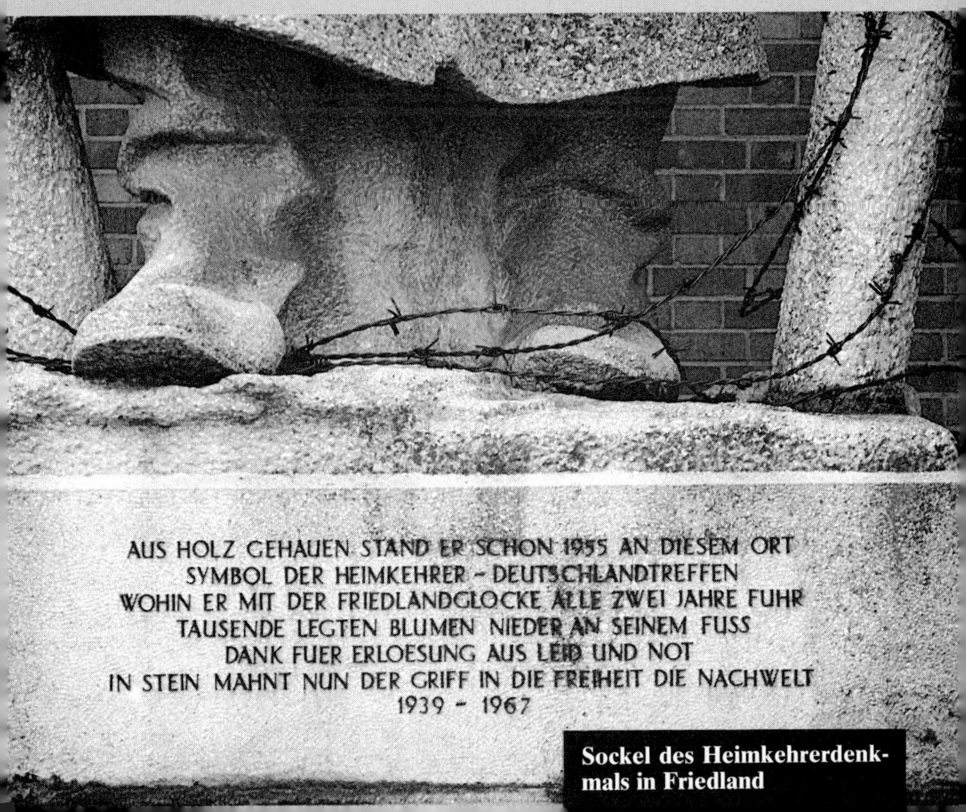

Sockel des Heimkehrerdenkmals in Friedland

Glück über die schmucken Kleider, das Spielzeug und Malpapier strahlt aus den Gesichtern der vier Schwestern.« Und unter dem Foto von vier Jungen: »Stolz sind diese vier in ihrem neuen Staat, denn Jeans und einen richtigen Fußball haben sie sich lange sehnlichst gewünscht.«
»Es sind Deutsche wie wir«, sagt Lagerleiter Marquardt, »die meisten kommen aus Polen und der Sowjetunion.« Fast 18 000 waren es 1984, davon kamen 15 900 allein aus Polen. Einmal im Durchgangslager Friedland, erhalten achtzig Prozent von ihnen die Anerkennung als »Volksdeutsche«. Große Schwierigkeiten hätten sie trotz der Arbeitslosigkeit in der Bundesrepublik nicht, sie gelten in den Augen der Arbeitgeber »als außergewöhnlich arbeitswillig«. Matthias Marquardt: »Wir bekommen in Friedland sogar direkte Anfragen von Unternehmen.«
»Volksdeutscher«, sagt Marquardt, »der Begriff wird relativ weit gefaßt.« So weit, daß die Nachfahren der Deutschen, die ab 1764 ins Rußland der Zarin Katharina auswanderten, laut Marquardt noch als Deutsche gelten. Die bekommen ihren bundesdeutschen Paß, selbst wenn sie kein Wort deutsch sprechen können und ihnen unsere Kultur und Lebensweise völlig fremd sind. Maßstab ist einzig der deutsche Urahne und die Beteuerung, daß man sich »als Deutscher fühle«.
Der Maßstab, an dem Friedlands Pförtner die Aussiedler mißt, ist ein ganz anderer: »Die Rußlandleute sind echt feine Menschen. Die sind mit allem zufrieden. Es kommen aber leider zu wenige. Dagegen die Polen. Die wollen nichts Getragenes, die wollen nur Neues.« Rolf Althaus muß es wissen, seit fünf Jahren arbeitet er im Lager. Als Gärtner, Feuerwehrmann und Pförtner, alles in einer Person. »Immer Mensch bleiben« ist seine Lebensphilosophie: »Bei dem Elend, das ich manchmal zu sehen kriege,

die einzig richtige.« Manchmal drückt er sogar ein Auge zu und läßt Besucher bei ihren Freunden und Verwandten im Lager übernachten, »obwohl es streng verboten ist«.
Ich schließe mich einer Besuchergruppe an – holländische Geschichtsstudenten, die mit ihrem Dozenten durchs Lager ziehen –, vorbei an der Lagerkapelle, die eigens für den Besuch des Ministerpräsidenten zum Jubiläum neu gestrichen wird, hinein in den Aufenthaltsraum des Roten Kreuzes. Dort liegt die wohl reaktionärste Sammlung von Zeitungen und Zeitschriften aus, die ich jemals zu sehen bekommen habe: »Der Schlesier«, »Baltische Briefe«, »Unser Oberschlesien«, »Haller Tageblatt«, »Oppelner Zeitung«, »Der neue oberschlesische Wanderer«, »Hindenburger Heimatbrief«, »Große Strehlitzer«, »Das Ostpreußenblatt«, »Märkische Zeitung«, »Thüringer Tageszeitung«, »Der Pfeil – Zeitschrift der DJO«. Deren Redakteure und Autoren träumen von Deutschland in den Grenzen von 1937, träumen von ihrer »Heimat« in Polen, in der Sowjetunion oder in der DDR. Warum sie hier auf Leserinteresse hoffen, wo die meisten im Lager doch gerade ihr Stück polnisches Deutschland gegen die originäre Bundesrepublik eingetauscht haben und keine zehn Pferde sie freiwillig zurückkriegen, bleibt mir unerfindlich.
Hoch über Friedland steht auf einem Hügel das Heimkehrermahnmal. Vier schmalwandige Betonklötze, die ein imaginäres »Tor zur Freiheit« bilden sollen. Darunter kann ich mir nur schwer etwas vorstellen. Ein Scheunentor, ein Fabriktor, ein Stadttor – natürlich. Schwierig wird es schon beim Tor zur Welt. Aber erst ein Tor zur Freiheit. Der Künstler schien in ähnlichen Nöten gewesen zu sein, jedenfalls hilft sein Werk kein bißchen beim Deuten des Begriffes. Was nach kreativem Grübeln von ihm in die Landschaft gestellt wurde (»konkret«: »Das häßlichste, schäbigste Denkmal der Bundesrepublik. Ein Leicht-Fer-

Ein Erinnerungsbild für die Zeit nach dem Lager. Das Gesicht Friedlands bestimmen Umsiedler und die für sie errichteten Zweck-, Kultur- und Kirchenbauten. Das Durchgangslager hat das verschlafene Friedland mit einem Schlag in ganz Deutschland bekannt gemacht.

tig-Bau«), ist eine düstergraue betonerne Assoziationsplastik. Der Betrachter kann darin sehen, was er will, warum nicht auch ein Tor zur Freiheit?
Auf dem Gipfel des Denkmalhügels herrscht Stille. Auch Schweigen über jene Zeiten, in denen die deutschen Kriegsgefangenen noch als siegesgewisse Eroberer durch die Sowjetunion marschierten, am Wegrand Millionen Tote hinterlassend. Wieder auf dem Rückweg – diesmal als Geschlagene –, verbrannten sie von Stalingrad bis Polen das Sowjetland, nur tot und wertlos sollte es an seinen Besitzer zurückgehen. Kein Wort auch über den deutschen Faschismus, dessen Machtgelüste die Kriegsgefangenschaft von Hunderttausenden deutscher Soldaten doch erst verursacht hatte.
Vor dem Betonmonument steht auf einer Wiese eine Holzbühne. Von dort aus wird morgen Ministerpräsident Albrecht der vierzig Jahre gedenken, die das Lager Friedland existiert. Und gegen Schluß seiner Rede wird er sagen: »Wir leben in einem geteilten Land. Aber wir haben einander nicht vergessen und nicht verloren. Und deshalb lassen Sie uns am Schluß dieser Gedenkstunde das bekennen, was wir uns für alle Deutschen wünschen: Einigkeit und Recht und Freiheit für das deutsche Vaterland.«
Als ich den Wirt Liberty abends nach dem Jubiläum von Friedland frage, hat er keine Ahnung. Auch die anderen am Tresen wissen nichts davon. Was dort geschieht, interessiert in Hebershausen auch niemanden, denn das fünf Kilometer entfernte Friedland gehört zu Niedersachsen, Hebershausen aber zu Hessen. Dazwischen verläuft auch eine Grenze. Keine aus Mauern, Stacheldraht und Wachtürmen. Dort endet auch nicht irgendeine Freiheit, dort endet das Interesse.
Liberty, das klingt anglophil, und so frage ich den Wirt nach der Herkunft des Namens. Er sei weder Brite noch

Ami, erklärt Liberty, seinen Namen verdanke er einem Vorfahren, der ausgewandert sei und seinen Namen der neuen Heimat in der neuen Welt anpaßte. »Später, als wir nach dem Krieg von den Amerikanern besetzt wurden, kam mir das sehr zupaß. Alle hielten mich für einen Ami.«

Es ist merkwürdig, wie manche Wirtsleute ihr Lokal mit Leben erfüllen können, während andere darin nicht mehr Atmosphäre verbreiten als in einer Leichenhalle. Die Wirtsleute Liberty gehören zur seltenen ersten Kategorie. Dabei sind sie weder besonders originell noch geschwätzig oder unterhaltend. Sie bieten im Lokal »Zur Linde« auch kein sehenswertes Kneipenstyling, etwa antik oder hypermodern, womit in Hamburg viele Wirte um Gäste buhlen. Ich kann nicht einmal genau sagen, warum es bei ihnen so gemütlich ist. Manchmal komme ich mir im Gastraum vor wie auf der Bühne des Hamburger Ohnsorg-Theaters. Was ich im Fernsehen schon seit Jahren nicht mehr einschalte, weil ich die Stücke für Klamotten halte, denn sie verwechseln volkstümlich mit volkstümelnd, findet hier fast jeden Abend live und ungekünstelt statt. Zum Milieustudium nach Hebershausen, würde ich Heidi Kabel und ihren Kollegen einmal empfehlen.

Da ist zum Beispiel die Rentnergang. Eine kleine Gruppe alter, kauziger Männer, die immer am frühen Abend kommen, zusammen ein, zwei Bierchen trinken und dann wieder gehen. Meist reden sie von früher, und das endet jedesmal in harmlosen kleinen Streitereien. Erster Rentner, selbstsicher: »Der Karl war Fleischer.« Zweiter Rentner, nörgelnd: »Nein, nein, der war Maler.« Dritter Rentner, polternd: »So ein Blödsinn, der Karl war Fleischer und Maler!«

Am nächsten Tag fährt mich Waldemar Liberty mit seinem Wagen an der Grenze herum. Er zeigt mir auf DDR-Seite

Das einst prächtige Gut Arnstein verfällt zusehends. Der jetzige Besitzer ist nur an den Ländereien interessiert, nicht aber an dem alten Herrenhaus.

Der 84jährige Friedrich Koch hat ein Gesicht wie die Landschaft, in der er sein Leben verbracht hat. Früher war er Knecht auf Gut Arnstein.

dicht am Zaun die Burg »derer von Hanstein« (»Sie kennen doch sicherlich den Rennfahrer Huschke von Hanstein?«) und das verfallende Herrenhaus von Gut Arnstein auf unserer Seite. »Der alte Gutsherr hat sich umgebracht.« Ich erkenne noch die vergangene Pracht des Gebäudes, obwohl die Putzfassade und das Schieferdach schon reichlich ramponiert sind. »Der jetzige Besitzer läßt es einfach verfallen«, bedauert Liberty, »der ist nur an den Ländereien interessiert.«
Auf dem Rückweg kommt uns ein altes, schmächtiges Männchen entgegen, gebeugt über einen stützenden Stock, auf dem Kopf einen Filzhut. Sein wettergegerbtes Gesicht ist wie die Landschaft dieser Gegend, mit tiefen Faltenfurchen und rotschimmernden geplatzten Äderchen. Es hat etwas verschmitztes, dieses Gesicht, ein hintergründiges Lächeln, das einen sofort mit Wärme erfüllt. Der alte Mann erzählt von dem Gut, auf dem er als Knecht arbeitete, vor vielen Jahren, das sei lange her, denn jetzt sei er schon 84 Jahre alt. »Zwanzig Jahre bin ich hinter den Pferden hergelaufen, hab' gepflügt, gedrillt, geeggt. Jeden Quadratmeter Boden kenn' ich genau.« Während er das sagt, hebt er seinen Gehstock und zeigt damit über die weiten Felder, und der Blick seiner wässerigen Augen schwimmt ohne festes Ziel über das hügelige Land.
Zwei Tage bleibe ich in der »Linde«, dann muß ich weiter. Nach dem Abschied von den Libertys hole ich meine Wäsche aus der Reinigung von Witzenhausen. Neugierig beäugen mich die Waschfrauen, wie ich die frischriechenden Hemden in meiner Satteltasche verstaue. Immer, wenn ich irgendwo länger als einen Tag blieb, habe ich »Waschtag eingelegt«, meine Wäsche weggebracht und sie dann am nächsten Tag wieder abgeholt.

Die Werra entlang

Von nun an ist die Werra eine Zeitlang mein Weggefährte. Ein angenehmer noch dazu, denn große Höhenunterschiede bewältigt der Fluß in seinem Lauf nicht. Für mich bedeutet es ein wenig Ruhe. Kurz hinter Ober-Rieden führt mein Weg auf der B 27 immer direkt am Fluß entlang, auf dessen anderer Seite die DDR liegt. Ein Rastplatz auf Werraseite fungiert als Sightseeing-Bastion für Vorbeifahrende. LKWs stehen dort, ein paar PKWs und Motorräder. Jenseits der Werra wird geerntet, ein Schauspiel, das bei westdeutschen Bauern kaum jemanden interessieren würde, da es sich um Genossenschaftsbauern handelt, aber ungeteilte Aufmerksamkeit erweckt. Fernfahrer, zwei Dänenfamilien, ein Angler mit Moped, ein Handelsvertreter und zwei junge Pärchen saugen den Anblick auf, als sähen sie eines der sieben Weltwunder.
»Wo willst du denn drauf los?« Zwei Fernfahrer, schon von Berufs wegen an allem interessiert, was sich auf Straßen fortbewegt, stehen neugierig vor meinem Fahrrad und versuchen durch das Speichengewirr hindurch die Kilometer-

zahl auf meinem Tachometer zu entziffern. »Eintausend ... drei ... eintausendund ... dreizehn, biste die ganzen Kilometer hintereinanderweg gefahren, sach mal?«
Ich erzähle ihnen von meiner Tour, und die beiden staunen. »So 'ne Strecke auf'm Sattel, das wär nix für mich.«
Dann erzählen sie mir von ihren Touren. Sie fahren beide für die Schneverdinger Waffelfabrik »Gottena« Schoko- und Cremekekse durch Deutschland und Frankreich. Als sie mir erzählen, wie lange sie manchmal unterwegs sind, zeige ich Mitgefühl: »So lange Zeit auf dem Bock, nee, das wär nichts für mich.« Zum Abschied schenken mir die beiden eine große Tüte Cremekekse. »Für unterwegs.«
Seit ich einmal mit einem Fernfahrer vier Wochen auf Achse gewesen bin, mag ich diese Leute. Ich bewundere ihre Geschicklichkeit, mit der sie ihre 15 Meter langen, fünfachsigen Ungetüme manövrieren wie unsereins ein Fahrrad. Auf den Zentimeter genau bewegen sie die Brummis, ob Sattel- oder Hängerzug. Sie sind eine Spezies für sich. Treffen sie auf Rastplätzen, LKW-Höfen oder in Fernfahrerkneipen zusammen, herrscht zwischen ihnen sofort eine seltsame Vertrautheit, herbeigeführt vom gleichen Schicksal ewigen Vagabundierens. Trafen wir auf unserer Tour in den Irak irgendwo holländische, österreichische oder britische Trucker, dann drehten sich unsere Gespräche immer um dieselben Themen: schlechte Straßen, miese Polizeitricks, schöne Nutten, gute Lokale, vor allem aber ging's um ein Thema, das Aufhören mit dem Fahren.
»Fische? In der Werra?« Den älteren Mopedfahrer, dessen Zweirad wie ein Lastenesel vollgepackt ist mit Angelruten, Kescher und Angeltasche und den ich auf dem Rastplatz nach seinem Anglerglück in der Werra frage, ist über meine Frage derart bestürzt, daß ich einen knallroten Kopf bekomme, weil ich offenbar eine dumme Frage gestellt

habe. »In dem Fluß würde sich nicht einmal ein Hering wohl fühlen«, sagt er, »höchstens ein Salzhering.« Er lacht über seinen Witz. Mal im Ernst, sagt er, die Werra ist wirklich an manchen Tagen salziger als die Nordsee. Ob ich das denn nicht wüßte, darüber stehe doch ständig was in den Zeitungen. Doch, schon, aber daß es so schlimm bestellt wäre, wüßte ich nicht.

Wenn die Kalikumpel am Salzbogen der Werra zwischen Mihla und Bad Salzungen wieder einmal die Steigerung ihrer Produktion für den Aufbau des Sozialismus beschließen, dann freut sich auf der anderen Zaunseite an Werra und Weser niemand über ihren Fleiß. Hauen die nämlich einen Schlag mehr rein, dann rauschen in den Werrafluten die Salze, daß man darin wirklich Heringe einlegen könnte. Bis zu 50000 Tonnen täglich. Schon jetzt liegen beide Flüsse im Koma, führt das Wasser der Weser sogar im Unterlauf noch das Zehnfache (2000 Milligramm Salze pro Liter) der EG-Norm für Trinkwasser. Alles über 200 Milligramm, so deren Feststellung, gefährdet die Gesundheit der Konsumenten. Hohe Chlorideinnahme ist die Hauptursache für Bluthochdruck. Werra- und Wesergemeinden wie Heringen, Philippsthal, Nienburg oder Bremen sehen ihre Trinkwasserversorgung ernsthaft gefährdet.

Der Schadstofftransfer über die ansonsten wasserdichte Grenze hat seine Ursache in der Beschaffenheit der Salzvorkommen. Nur etwa 33 Prozent des geförderten Rohsalzes lassen sich ökonomisch verwerten. Die beim Trennungsprozeß anfallende Lauge wurde jahrzehntelang im Westen (zwei Kali-Werke) wie im Osten (drei Kali-Werke) in sogenannten Schluckbrunnen versenkt – das sind Hohlräume in der Erde. Damit machte das VEB-Kombinat »Kali« 1968 Schluß. Ob die Kapazität der Brunnen erschöpft war oder einfach aus Kostengründen, man weiß es nicht. Jedenfalls kippen die Kalikumpel ihren salzigen

Abfall seitdem in die Werra und sorgen damit laut Meinung des Eschweger CDU-Bundestagsabgeordneten Dieter Weirich für den »größten Umweltskandal in der Bundesrepublik«.
Ab Lindewerra (DDR) wird die Werra Grenzfluß, teilt sie bis Wahlhausen die beiden Deutschland, kringelt sich durchs westliche Bad Sooden-Allendorf, Eschwege, Frieda und Wanfried, kokettiert ein kurzes Stück mit beiden Republiken, taucht dann in die DDR ein, wo sie im Zickzackkurs hinter Wartha wieder Grenzfluß wird. Doch sprunghaft wie eine launische Diva bleibt sie nur kurze Zeit bei der Stange, ein paar knappe Kilometer, dann taucht der Strom erneut in sozialistisches Sperrgebiet ein, schrammt bei Obersuhl kurz die Grenze, verläßt hinter Dankmarshausen den Arbeiter- und Bauernstaat, um dann bei Vacha endgültig in der DDR zu verschwinden.
Bis Völkershausen fahre ich neben der Werra her, dann trennen sich für lange Zeit unsere Wege. Überall riecht es hier nach Holz, Harz und Heu. Es ist ein schlichtes Land, das Werraland. Weder herb und spröde noch süß und lieblich. In sanften Schwüngen wechseln Hügel und Ebenen. Das Land wirkt stumm und träge. Obwohl ich mich nicht sklavisch an den Weg halte, der laut Karte der dichteste ist, suche ich doch immer die Nähe zum Zaun. Oft ist er viele Kilometer gar nicht gegenwärtig. Dann, ich radle schon stundenlang traumverloren durch dunkle Wälder, grüne Auen und gottverlassene Dörfer – da steht er plötzlich vor mir. In voller Breitseite, links und rechts im Irgendwo verschwindend.

Gedanken zur Grenze

Über tausend Kilometer liegt der Grenzzaun schon links neben mir. Wie ein Geist, manchmal unsichtbar, aber doch immer anwesend. Er stelzt auf Betonpfählen über plattes Land, windet sich als stählerner Bandwurm über Berg und Tal, hat auf seinem Lauf durch dichte Wälder Schneisen für sich schlagen lassen, die für achtspurige Autobahnen reichen würden, mittelt Gräben, Bäche, Flüsse, Ströme, schneidet Dörfer gleich Sahnetorten in Stücke und klettert über Berge. Ein Bollwerk, das gewaltigste seit der Chinesischen Mauer.

Der deutsche Astronaut Ulf Merbold, von der Tageszeitung der Deutschen Kommunistischen Partei »Unsere Zeit« nach seinen Gedanken befragt, die ihm beim Anblick der Erdkugel durch den Kopf gingen: »Sie sehen dort oben jedes kleine Tal, aber sie sehen keine Grenze. Mit einer Ausnahme. Und das ist die Grenze durch Deutschland. Und das finde ich so skandalös und hat mich sehr betroffen gemacht.«

Militärisch ist der deutsche Zaun ebenso unsinnig wie die

Im hessischen Grenzland haben es die Bauern wirtschaftlich genausoschwer wie überall. Doch wegen der Abgeschiedenheit der Grenzdörfer bietet ihnen das Leben neben der täglichen Arbeit auf dem Feld und im Stall wenig Abwechslung.

Chinesische Mauer. Das 6250 Kilometer lange Mauerwerk der Chinesen war überhaupt nicht zu verteidigen und wurde beim ersten Ansturm hunnischer Horden auf ihren kleinen, wendigen Pferdchen überrannt. Der deutsche Zaun ist militärisch ein Witz, als Sperranlage könnte er vermutlich nicht einmal einen Panzer aus dem Ersten Weltkrieg aufhalten.
Vom »antiimperialistischen Schutzwall« kann man also höchstens im übertragenen Sinn sprechen. Zweifellos schützt er die DDR vor dem wirtschaftlichen Bankrott, der einträte, wäre die Grenze offen. Ihre Verluste allein durch illegale Devisenschiebereien beziffert die DDR bis zum Bau der Mauer auf 120 Milliarden Mark. In den letzten Tagen kamen täglich bis zu tausend Flüchtlinge über die Grenze. Die Hälfte waren junge Leute unter 25 Jahren. Das Land blutete immer heftiger aus: Zwischen 1954 und 1961 wechselten fast 5000 Ärzte, ungefähr 17 000 Lehrer und ebenso viele Techniker und Ingenieure von einem Deutschland ins andere. Bei diesen Zahlen handelt es sich jedoch lediglich um die registrierten Flüchtlinge. Hinzu kommt eine bestimmt beträchtliche Dunkelziffer, da es für die sogenannten »Sperrbrecher« keinen Zwang zur Registration gibt, man betrachtet sie ja als Bundesbürger. Eine DDR-Staatsbürgerschaft erkennt die Bundesrepublik bis heute nicht an. Insofern ist dieser deutsche Zaun wirklich ein »antiimperialistisches Bollwerk«, dessen Nutzen für die DDR der englische Korrespondent David Shears in seinem Buch »Die häßliche Grenze« mit »den späten sechziger Jahren fast voll wirksam« werden sieht: »Ohne diese barbarischen Hindernisse hätten die gesellschaftlichen und politischen Unterschiede zwischen den beiden Teilen Deutschlands nicht aufrechterhalten werden können. Auch wäre es niemals zu dem wirtschaftlichen Aufschwung in der DDR gekommen.«

Auf der anderen Seite der Werra, unweit von Bad Sooden-Allendorf, liegt hinter Zaun und Mauer ein winziges Dorf. Wie es dort zugeht, haben vor etwa dreißig Jahren Kollegen der ostdeutschen Parteizeitung »Neues Deutschland« beschrieben. Es war die einzige Schilderung über das Grenzland drüben, die ich auftreiben konnte, und so habe ich sie mir kopiert und mit auf die Reise genommen. Nun sitze ich am Straßenrand und blicke auf das Dorf, das noch immer so daliegt, wie in dem Artikel beschrieben. Gern würde ich mir Wahlhausen einmal selbst ansehen. Aber Wahlhausen liegt im Sperrgebiet, wie alles in dem fünf Kilometer breiten Streifen jenseits des Zaunes. Besucher aus der Bundesrepublik haben dort keinen Zutritt. Auch DDR-Bürger brauchen eine Sondergenehmigung. Tabuzone.

Die Reportage stammt vom 24. März 1957, ein uraltes Rührstück also. Natürlich hat sich in der DDR seitdem einiges verändert. Nicht nur im Dorf selbst, sondern auch in der Art, wie unsere Kollegen drüben die Wirklichkeit darstellen. Der Fairneß halber sei noch angeführt, daß sich bundesdeutsche Zeitungen aus demselben Jahr mit der Behandlung des Themas DDR ähnlich schwertaten, wenn auch mit anderen, natürlich negativen Vorzeichen.

»Wenn die Züge auf der westdeutschen Eisenbahnstrecke Frankfurt(Main)–Hamburg am Ufer der Werra entlangfahren, dann wirft mancher Reisende einen forschenden Blick aus dem Fenster und sucht den ›eisernen Vorhang‹, von dem in den westdeutschen Zeitungen und Rundfunksendungen soviel die Rede ist. Aber das thüringische Land bietet sich offen seinen Augen dar. Ein kleines Dorf liegt im Tal, rot leuchten die Dächer der hellen sauberen Fachwerkhäuser, Kinder spielen auf der Straße, und auf den Feldern arbeiten die Bauern und nutzen das zeitige Frühjahr.

Wie ein Schaufenster, das zeigt, von welcher Qualität alles andere dahinter ist, so liegt die Gemeinde Wahlhausen an der Grenze nach Westdeutschland. Nicht nur die Vorüberfahrenden blicken hinterher. Als der Revierförster der Gemeinde vor kurzem bei seinen Verwandten im Odenwald war, bestürmten ihn dort die Bauern mit vielen Fragen über die Deutsche Demokratische Republik. Von diesem großen Interesse erzählte der Förster vor kurzem auf einer Einwohnerversammlung, als der 1. Sekretär der Bezirksleitung Erfurt, Hermann Fischer, den Wahlhauser Bürgern das Wiedervereinigungsprogramm unserer Partei erläutert hatte. Der Bauer Stallknecht, stellvertretender Bürgermeister des Dorfes, unterstrich die Forderung der 30. ZK-Tagung, die Marktproduktion zu erhöhen. ›Das ist real und möglich‹, sagte er, ›und alle landwirtschaftlichen Betriebe der Gemeinde werden ihr Bestes geben, um die Forderung von Partei und Regierung zu erfüllen.‹

Wer sind diese Menschen, und wie sieht es aus in ihrem Dorf, das gerade so viel Einwohner zählt, wie das Jahr Tage hat?

Bleiben wir gleich bei Wilhelm Stallknecht. Er bewirtschaftet 3,5 ha Acker, ist Mitglied des Gemeinderates und gehört der CDU an. Obwohl er nicht mehr der Jüngste ist, beteiligt er sich sehr rege am gesellschaftlichen Leben. Versammlungen und Veranstaltungen im Dorf sind ohne ihn kaum zu denken. Wie er das alles mit seiner Arbeit vereinbaren könne, fragten wir ihn.

›Ja‹, meinte er, ›das würde mir nicht möglich sein, wenn mein Betrieb nicht weitgehend mechanisiert wäre.‹ Und er zählt auf: elektrischer Futterdämpfer, Futterzerreißer, motorisierter Berggrasmäher, kombinierte Waschmaschine und manches andere. ›Solche Erträge, wie ich sie jetzt habe‹, sagt er offen, ›konnte ich früher nie von meinen Feldern erwirtschaften.‹

›Wir sind moderne Bauern‹, bestätigte auch Günther Gast-

rock-May. ›Alles, was unsere Arbeit erleichtern kann, wird angeschafft.‹ Was außerdem das Leben erleichtert, steht blitzend auf dem sauberen Hof: ein ›Wartburg‹-Wagen, den sich der junge Eichsfeldbauer kaufen konnte, weil er seinen Betrieb, der acht Hektar umfaßt, tadellos in Ordnung hat. Günther Gastrock-May, der erst vor einigen Jahren aus Westdeutschland in unsere Republik kam, ist Gemeindevertreter; das zeigt, daß er sich das Vertrauen der Einwohner erworben hat, sowohl durch seine Leistungen in der Landwirtschaft wie durch seine vorbildliche Arbeit in der FDJ-Gruppe.

Diese Bauern sind nicht die einzigen, die Erfolge in ihrer Arbeit zu verzeichnen haben. Außer beträchtlichen Vorauslieferungen tierischer und pflanzlicher Produkte für das Jahr 1957 konnte die Gemeinde im vergangenen Jahr 128 586 Kilogramm Milch, 45 000 Stück Eier, 56 Doppelzentner Rind- und 139 Doppelzentner Schweinefleisch dem freien Ankauf zur Verfügung stellen. Das erreichten die Bauern, weil sie ständig Neuerermethoden anwenden und ihre Erfahrungen austauschen. Nicht zuletzt ist die kleine LPG (Landwirtschaftliche Produktionsgenossenschaft) ›Wilhelm Pieck‹ maßgeblich an diesem Ergebnis beteiligt.

Auch in der Dorfschule ist ein neues Leben eingezogen. Von acht Schulabgängern konnten 1956 vier in die Oberschule aufgenommen werden. Das ist eine große Leistung des Lehrers Karl Schulz, der bisher alle Jahrgänge in einer Klasse zu unterrichten hatte.

Auch die Gemeindevertretung kümmert sich um die Kinder. Monatlich einmal nimmt ein Gemeindevertreter am Unterricht teil, und wenn Schwierigkeiten auftauchen, werden sie nach gemeinsamer Beratung behoben. Bald wird die Schule nun auch über zwei Klassen verfügen.

Von den Dorfbewohnern nicht zu trennen sind die Soldaten

des Grenzkommandos. Zwölf von ihnen sind mit den Wahlhausenern sogar unmittelbar verwandt, denn sie haben Mädchen aus dem Dorf geheiratet. Aber stärker noch als die verwandtschaftlichen Bande ist der gemeinsame Wille, das Leben im Dorf immer besser zu gestalten. ›Schwierigkeiten schaffen wir gemeinsam aus der Welt‹, erzählte uns Leutnant Günther Jahn. ›Zum Beispiel empfanden wir alle es als Mangel, daß es eine Zeitlang keine Gaststätte gab. Wir liefen nicht zum Kreis oder zum Bezirk, sondern sorgten selbst für die Wiedereröffnung. Bauern und Soldaten verbringen dort nun oft gemeinsame frohe Stunden.‹
›Das Wichtigste an unserer Zusammenarbeit ist der Schutz des Grenzabschnittes bei Wahlhausen‹, sagte uns Leutnant Jahn. ›Wenn Not am Mann ist, stehen die Grenzsoldaten nicht allein. Wer im Dorf irgend kann, beteiligt sich bei Einsätzen gegen Versuche der Grenzverletzung. Niemand kann Wahlhausen unbeachtet verlassen oder betreten.‹
Daß alle so aktiv mithelfen, ihr Dorf und damit auch unsere Republik zu schützen, liegt darin, daß sie aus eigener Kraft so viel Neues geschaffen haben. Gemeinsam wurde 1956 im Nationalen Aufbauwerk freiwillige Arbeit im Werte von 5328 Mark geleistet. Weit mehr als tausend Obstbäume wurden gepflanzt, Wege ausgebessert und erneuert, das Spritzenhaus wird aus örtlichen Reserven errichtet, der Kirchturm aus Spenden der Einwohner repariert. Dreizehn Weidefutterplätze werden von den Pionieren der Schule ständig mit Futter versorgt. Auch der Bau eines Sportplatzes geht gut voran.
Am Abend trafen wir am Dorfgasthaus alle wieder, die wir bei unserem Besuch kennengelernt hatten. Die Bauern Wilhelm Stallknecht, Günther Gastrock-May, der Genossenschaftsbauer Kurt Müller saßen am Tisch der Gemeindevertretung. Unter den Zuhörern waren der Lehrer, die Soldaten des Grenzkommandos, die Bauern und Bäuerinnen des

»Die Zonengrenze liegt dort!« Ich hatte zwar nach der DDR-Grenze gefragt, aber im Grenzland sagen fast alle »Zonengrenze«. Kein Wunder, versehen doch selbst die Behörden die Ortsschilder bis heute mit dem Zusatz »Zonengrenzbezirk«.

Schilder-Depot hinter Herleshausen

Dorfes. Es war wie in einer großen Familie. Man besprach die Probleme des Dorfes, und der Plan des Nationalen Aufbauwerkes wurde beraten. Es ist der Plan der Bauern. Bezeichnend ist, daß der Dorfarbeitsplan in erster Linie dazu geschaffen wurde, die im Staatsplan gestellten Aufgaben leichter und besser zu erfüllen.
Das ist Wahlhausen, klein und bescheiden, aber ein überzeugendes Schaufenster des Arbeiter- und Bauernstaates, in dem die schaffenden Menschen ihr Schicksal mit eigener Kraft zum Guten lenken.«
Die Wirtin, bei der ich in Archfeld übernachtet habe, kommentiert beim Frühstück in einem fort das aktuelle Zeitgeschehen. Stichworte geben ihr die morgendlichen Nachrichten im Radio: »Gegen Naturkatastrophen wie Erdbeben und Fluten ist kein Kraut gewachsen«, meint sie zum Erdbeben in Mexiko: »Aber wir wollen doch mal ehrlich sein: Irgendwie muß sich die Überbevölkerung auch wieder dezimieren.« Und zur Umweltzerstörung: »Ich sag' immer: Solange die anderen nicht beim Umweltschutz mitziehen, nutzt das alles nichts. Und wir wolln doch mal ehrlich sein: Warum soll immer der deutsche Michel der Vorreiter sein?«
An diesem Sonntagmorgen liegen die Straßen da wie hingemalt. Nichts bewegt sich. Die tiefstehende Morgensonne wirft von allem überdimensionale Schatten auf den Boden. Mein Schattenriese, der auf eierigen Reifen und seltsam verzerrtem Fahrrad neben mir herfährt, bleibt mal ein Stück zurück, fährt mir dann wieder ungeduldig voraus, je nach Stand der Sonne, die das Schattenwesen auf den Asphalt wirft.
Vor Wommen frage ich einen Rentner nach dem Weg. »An der Zonengrenze wollen sie lang?« Eigentlich nicht, denn ich fragte nach dem Weg entlang der DDR-Grenze. Aber ich widerspreche ihm nicht, denn DDR sagt hier

niemand. Und da solcher Sprachgebrauch sogar amtlich ist (Ortsschilder tragen den Zusatz »Zonengrenzbezirk«), fühlt sich auch jedermann im Recht. Als ich ihm auf seine Frage sage, woher ich komme, fragt er: »Und was wolln Sie hier am Arsch der Welt?« Ich sage irgendwas über mein Interesse am Grenzland. »Für uns interessiert sich doch niemand«, erwidert er, »höchstens die Berliner, die hier ein Haus nach dem anderen aufkaufen.« Zum Beweis seiner Behauptung zeigt er auf die alte Wassermühle von Wommen. »Gehört jetzt auch einem Berliner. Der will da Ferienwohnungen einbauen.«
In einer Kneipe in Obersuhl wird mir die köstlichste Currywurst zwischen Priwall und Hof serviert. Das ist nicht einfach so dahergesagt. Auch nicht die unmaßgebliche Meinung eines Laien. Nein, von Currywurst verstehe ich etwas. Hunderte von Currywürsten habe ich schon als schnellen Imbiß in Frittenbuden und an Wurstständen gegessen, da kennt man sich aus, weiß zu unterscheiden zwischen lederner Pelle, pappiger Haut und knackiger Wursthülle, zwischen nüchternem, geschmacklosem Inneren und pikantem Wurstfleisch. Mein geschulter Gaumen sagt mir nun: Diese Wurst hier ist etwas ganz Besonderes, gewissermaßen die Königin unter den Currywürsten.
Die beiden Männer am Spielautomaten haben andere Dinge im Kopf. »Ich mag nicht mein Leben lang an einer Maschine stehn und immer den gleichen Handgriff machen«, sagt der Dünnere. »Das verstehst du doch, oder?« Sein Kumpel gibt keine Antwort. Statt dessen klopft er beschwörend auf die Knöpfe des Automaten, der daraufhin zwar Töne von sich gibt, aber kein Geld ausspuckt. Der Schmächtige mit dem Schnauzbart erzählt weiter von seinen Arbeitsproblemen, als registriere er gar nicht, daß sein Gegenüber nur auf den Automaten starrt. »Ich könnte sofort als Schweißer auf Montage in die Botanik gehen,

aber das will ich nicht.« »Da würd' ich auch nicht hin«, brummt der Mann am Automaten, während er durch reaktionsschnelles Drücken zweier roter Tasten vergeblich versucht, die drehenden Zahlenräder in einer Gewinnkombination zum Stehen zu bringen. »Ich könnt' ja noch mal auf die Schulbank gehen und umlernen, aber dafür bin ich schon zu alt. Läuft alles weiter – Lohn, Krankenkasse. Hätte keine Einbußen. Aber das will ich nicht.«

Wie der Monolog endet, bekomme ich nicht mehr mit. Mein Fahrrad habe ich mit allem Gepäck auf dem Hinterhof abgestellt. »Das klaut niemand«, hatte mich der Wirt beruhigt, aber ganz traute ich solcher Versicherung nicht, und so hielt ich mich nicht länger als nötig im Lokal auf.

Hinter Wildeck-Obersuhl steigt die Straße leicht, aber beständig an. Kurz hinter Bosserode, vier, fünf Kilometer weg von der Kneipe mit der bemerkenswerten Currywurst, schaue ich zufällig nach hinten. »Oh, mein Gott!« fluche ich. Meine Jeansjacke, die ich zwischen Sattel und Gepäcktasche geklemmt hatte, ist verschwunden. Ich fahre die ganze Strecke zurück, frage im Lokal nach meiner Jacke, frage Leute am Straßenrand – umsonst. Von der Jacke keine Spur. Um die allein wär's nicht so schlimm, aber ich hatte meine Euroschecks in der Brusttasche verstaut. Die sind für einen etwaigen Finder zwar wertlos, da er weder meinen Namen noch die Nummer der Scheckkarte kennt, für mich aber waren die Schecks Reisegeld.

In Obersuhl gibt es keine Polizeiwache, auf der ein ehrlicher Finder die Jacke abgeben könnte. »Versuchen Sie es mal beim Zollkommissariat«, rät mir eine alte Frau am Straßenrand. Zwei Zöllner, die im grauen VW-Bus an mir vorbeifahren, halte ich an. Per Autotelefon fragen sie im Kommissariat nach der Jacke. Fehlanzeige. Sollte sich meine Jacke noch anfinden, das versprechen sie, wollen sie mich in Hamburg benachrichtigen.

Philippsthal

Am nächsten Tag, im Kali-Bergbau-Städtchen Philippsthal, werde ich zum erstenmal während meiner Reise zum Essen eingeladen. Barbara Rösler, 45, hat hier eine Arztpraxis. Ihr Mann Gerd, 48, promovierter Geologe, macht für seine Frau die Laborarbeiten, denn in seinem erlernten Beruf hat er in der Gegend keine Arbeit gefunden. Früher haben die beiden auf der griechischen Insel Naxos gelebt, ein Haus gebaut und »wären sicher auch dort geblieben, hätten wir weiterhin Arbeit gehabt«. Mit griechischer Lebensart kamen sie nach Philippsthal. »Der Anfang war nicht einfach«, gesteht Gerd Rösler. »Hätte ich vorher von den schlimmen Unfällen im Kali-Bergbau gewußt«, sagt die Ärztin, »ich wäre nicht hierhergekommen.« Sechs Tote waren es allein 1984. Gerade vor ein paar Tagen mußte sie wieder einen verunglückten Bergmann behandeln. Er hatte aus Versehen einen Gaseinschluß im Salzstock angebohrt. Es kam zu einer Explosion, die dem Bergmann das Gesicht zerfetzte. Der Kumpel, den alle nur »schöner Fritz« nannten, rief trotz großer Schmerzen nach seiner

Frau. Ein Kollege wollte ihn beruhigen: »Die laß man lieber, wo sie ist, der ›schöne Fritz‹ warst du mal.«
Bei Röslers herrscht gemütliche Unordnung. Wir essen Kartoffelauflauf, und die beiden fragen nach meinem Eindruck vom Grenzland. Sie entgegnen nichts, als ich die Grenze ein deutsch-deutsches Bauwerk nenne. Später, als mich Gerd Rösler zu ein paar Übersichtspunkten an die Grenze fährt, hält er mit seiner Meinung über Grenze und DDR aber nicht hinterm Berg: »Das da drüben ist für mich das schlimmste System überhaupt.« Warum? frage ich ihn. Die Autos seien ihm drüben zu schlecht, die Häuser zu grau, die Freiheiten zu eingeengt.
Wie es in Philippsthal mit den Freiheiten aussieht, erklärt mir der Gemeindevertreter der Freien Wählergemeinschaft auch gleich: »Als ich einmal Maßnahmen der Gemeinde kritisierte, erhöhten sie uns anschließend die Miete für unser Haus um 400 Mark.« Ein Jahr hat Gerd Rösler im Gemeinderat den Mund gehalten. »Danach habe ich die alte Schule gekauft und konnte mich wieder freimütig äußern«, sagt er stolz.
Als er seinen Mercedes vor der Grenzmauer parkt, die die Brücke über die Werra absperrt, besichtigt gerade eine Wagenladung Grenztouristen die Barrieren. Noch immer ist die Hoßfeldsche Druckerei den Fremdenführern eine Anekdote wert und die gesperrte Brücke fotogenes Sinnbild der Teilung Deutschlands. Früher druckte Herr Hoßfeld in dem klobigen Bau an der Grenze eine Lokalzeitung. Die meisten Exemplare des Blattes verkaufte er nach Thüringen, die Steuern für die Druckerei aber flossen nach Hessen. Erst als er anbaute, über den Grenzverlauf nach Thüringen hinein, da war die Welt für die Thüringer wieder in Ordnung, von wegen der Steuergelder. Bei der Grenzziehung 1952 kam es zum makabren Schildbürgerstreich: Die DDR zog die Grenze mitten durch die Druk-

Vacha in der DDR, bis Kriegsende nur durch die Werra vom westlichen Philippsthal getrennt

kerei Hoßfeld – oben lebte die Druckerfamilie, darunter richteten die DDR-Grenzer ein Büro ein. Was für die Hoßfelds ein unerträglicher Zustand wurde, nahmen Busunternehmer als Promotion-Gag. Philippsthal wurde zum Pilgerort des Grenztourismus. Tausendfach wurde hier der Fluch gegen den Sozialismus ausgestoßen, ein dreifach Lob dagegen auf den freien Westen. Vor dem Grenzzaun und der geteilten Druckerei waren Arbeitslosigkeit, Vietnamkrieg, Aufrüstung, Umweltverbrechen, Korruption und alle Laster unserer Welt mit einem Schlag vergessen.
Heute gehört das Hoßfeldsche Haus ganz zum Westen. Die Beendigung der unsinnigen Grenzziehung war eines der vielen Ergebnisse, die die deutsch-deutsche Grenzkommission nach fünfeinhalbjähriger Arbeit am 26. Oktober 1978 vorzuweisen hatte. Vermessungsfachleute und Juristen hatten den gesamten Grenzverlauf von der Ostsee bis Bayern unter die Lupe genommen. Insgesamt 17 236 Grenzpunkte markierten die Grenzprüfer. An einigen Stellen korrigierten sie den Grenzverlauf. So auch an der Werrabrücke, wo die Grenze jetzt in einigen Metern Abstand um das Haus Hoßfeld herumläuft.
Vom Berg hoch oben, auf den mich der Geologe anschließend fährt, können wir auf Vacha sehen, hinterm Grenzzaun auf der anderen Uferseite der Werra. Rauchsäulen steigen aus Schornsteinfingern in die Wolken, zweitaktgetriebene Trabants und Wartburgs knattern mit eigentümlichem »Dingdingeringdingding« durch menschenleere Straßen, ein Traktor holpert übers Kopfsteinpflaster. Vacha dämmert im Sonntagsschlaf genauso dahin wie Philippsthal, mal abgesehen vom regen Betrieb am Grenzübersichtspunkt Werrabrücke.
Das Ehepaar Rösler will mir unbedingt noch den »Ulster Sack« zeigen, ein baum- und strauchgesäumtes Wiesenge-

biet, das um das Bächlein Ulster herum wie ein Sack in die DDR hineinragt. Der Einstieg in die Enklave führt durch eine etwa fünfzig Meter breite Öffnung. Die Wiese dehnt sich danach schnell aus, ehe wir nach etwa 300 Metern auf den Grund des Sackes stoßen, markiert durch Grenzpfähle. Der »Ulster Sack«, unbekannt und darum von störenden Wanderern verschont, ist ein Tierparadies. Vor der Teilung, als der »Ulster Sack« noch kein »Sack« war, führte hier die Eisenbahnlinie nach Wenigentaft hindurch. Heute liegen hier noch Schwellen, rostige Schienen, Halteklammern und Bolzen herum.

Wieder unterwegs, treffe ich auf Arbeiter vom Straßenbauamt Fulda, die am Straßenrand das Gras mähen. Neugierig fragen sie nach Start und Ziel meiner Reise. Während wir noch palavern, kommt eine Bäuerin mit einer Sense vorbei. Sie stellt sich dazu und stöhnt über die Arbeit, die ihr bevorsteht. Den meterhohen Mais soll sie so weit schneiden, daß die Schneidemaschine heranfahren kann. Der Wink wirkt: Die Arbeiter bieten die Unterstützung ihres kleinen Motormähers an.

Während ich mir interessiert das mähende Ungetüm ansehe, fragt mich der eine: »Willst mo mähe?« Ich nehme das Angebot an. Kaum habe ich die Kupplung losgelassen, rast der Motormäher mit seinem immer hungrigen Eisenmaul los, mich hinter sich durchs Maisfeld schleifend. Erschöpft komme ich nach der Fahrt bei den Arbeitern an. Der Bäuerin sehe ich meine Leistung an. Sie macht einen bekümmerten Eindruck. »Willst noch mal?« gibt mir der Straßenarbeiter die Chance zur Rehabilitierung. Dankend lehne ich ab. Man kann eben nicht alles können. Doch die Gelegenheit, einem unbeleckten Städter noch etwas beizubringen, will der Mann sich nicht entgehen lassen. »Und so mußt mit der Sense mähn«, zeigt er mir, »hinten muß sie aufliegen, und vorn mußt du sie 'n bißchen anheben.« Mit

der Sense klappt es schließlich besser, doch ein Bauer würde aus mir wohl nie werden.
Nicht weit entfernt, wo der Grenzzaun hinter Rasdorf bis dicht an die Straße heranreicht, erhalten noch andere Anschauungsunterricht. Ein amerikanischer Offizier in Kampfuniform und Schirmmütze erklärt einer Gruppe US-Boys die Grenzanlagen. »You see the tower ...« Kaugummi kauend hören die pausbäckigen Männer mit den kurzgeschorenen Haaren dem Offizier zu.

Der »Ernstfall« in der Rhön

Erst messe ich dem schwarzen Hund keine große Bedeutung zu. Er kläfft sich zwar die Lunge aus dem Hals, doch bremst ihn ein hoher Zaun in seinem Tatendrang. Etwa zur gleichen Zeit entdecken er und ich die offene Pforte. Ich stürze mich in die Pedale, er sich durch die offene Tür. Ein kurzhaariges, schwarzes Ungeheuer mit dunklen, bösen Knopfaugen, die mich wütend anstieren. Zähnefletschend und knurrend schnappt er nach meinem Bein. »Hau ab«, schreie ich und trete nach dem wütenden Köter. Dabei eiere ich etwas hilflos auf dem Fahrrad hin und her. Bergan und mit nur einem Bein, das für die Fortbewegung eingesetzt werden kann, verliere ich schnell an Tempo. Wenn ich jetzt anhalte, fällt der schwarze Teufel mit Sicherheit wie ein Wolf über mich her. Weit und breit läßt sich niemand sehen, der mir zu Hilfe eilen könnte. »Hau ab, hau ab«, schreie ich den Hund, so laut ich kann, an. Es wirkt: Irritiert bremst er seinen Angriff, kläfft böse und wütend, aber schnappt nicht weiter nach meinem rechten Bein. Aus der Abwehrwaffe wird wieder ein Fortbewegungsmittel.

Damit sorge ich eilends dafür, möglichst viele Meter zwischen mich und den Hofhund zu bringen. Als ich mich sicher wähne, drehe ich mich nach dem noch immer kläffenden Hund um und schimpfe, nun wieder mutig: »Verfluchte Töle!« Trotzdem dauert es eine Weile, ehe mein Herz wieder im ruhigen Takt schlägt. Im Geiste hatte ich die scharfen Zähne des Hundes schon in meiner Wade gesehen.
Gleich den Wellen eines Waschbrettes heben sich die sanften Hügel der Rhön vom flachen Land ab. Liberty, der freundliche Wirt, hatte mich vor der Rhön gewarnt. »Kein Zuckerschlecken«, rauh und karg. Die Menschen ein zäher Schlag und unheimlich stur, »Basaltköppe« werden sie deshalb genannt, nach dem harten Gestein, das es in der Rhön so häufig gibt, wie anderswo Muttererde.
Einst lag die Rhön mitten im ungeteilten Deutschland, da haben sie Heimatdichter gefühlsschwanger als »Herz Deutschlands« besungen. Goethe allerdings konnte mit dem rauhen Wesen der Rhön nichts anfangen. Als er 1780 durch Fladungen und Ostheim reiste, schimpfte er lauthals über »leidige Orte und böse Nester«. Heute, so erzählt mir ein junger Rhöner, der ein paar Kilometer mit dem Fahrrad neben mir herfährt, sei die Gegend »der hinterste Winkel der Nation«. Gerade das aber lieben die Wanderer, die scharenweise mit Bundhose, Wanderstiefeln, Anorak, Kniestrümpfen und dem Beweismittel Fotoapparat durch die steinige Gegend stapfen.
Die Rhönbauern sehen das verständlicherweise anders. Von oben gesehen liegen ihre steinigen Felder da wie die Raster einer Tafel Schokolade, winzig klein und ungeeignet für den Getreideanbau. Sie sind die ärmsten Bauern der Nation. Bauernsterben, hier findet es täglich statt. Die meisten leben vom Vieh, braunweiße Ebenbilder der bekannten lilafarbigen Schokoladenkuh. Wie viele zivilisa-

tionsgeschädigte Gören haben hier wohl schon ausgerufen: »Guck mal Mutti, eine Milka!«
Die Hochrhönstraße zwingt mich für drei Kilometer vom Rad. Erst auf dem Plateau in 800 Meter Höhe kann ich wieder aufsteigen. Oben wimmelt es plötzlich von Wanderern, Autofahrern und Busreisenden. Im »schwarzen Moor«, eine Touristenströme anlockende Sehenswürdigkeit, stapfen die Ausflügler auf Holzbohlenwegen durch das Naturschauspiel Hochmoor. Am Parkplatz werden Rostbratwürstchen vom Grill und Flaschenbier verkauft. Ich bin in Bayern. Ein paar hundert Meter vorher muß ich unbemerkt die Landesgrenze passiert haben. Dabei hätte es mir eigentlich auffallen müssen. Die ganze Grenze entlang säumten weiße Grenzpfähle meinen Weg, denen man in Schleswig-Holstein, Niedersachsen und Hessen einheitlich eine rote Kappe aufgemalt hatte. Nicht so in Bayern. Getreu ihrem Hang zum Separatismus ist es bei ihnen ein blauer Ring.
Kurz hinter Fladungen gerate ich mit meinem Fahrrad in einen Krieg. Amerikanische Soldaten proben den Ernstfall. Ihre Jeeps stehen in Einfahrten, Waldschneisen und an Straßenecken. Militärkonvois schütteln sich durch enge Dorfstraßen. Panzer keuchen rasselnd Bergstraßen hinauf. Hinter einer Hügelkuppe schwillt ein grillenartiges Zirpen mehr und mehr an. Bald klingt das Zirpen so überlaut, als musiziere ein Grillenorchester in die Mikrofone einer Hunderttausend-Watt-Anlage. Mit einemmal sind sie über den Berg. Schwarz, bedrohlich, tödliche Libellen einer kriegerischen Welt. Solche Assoziationen kommen mir beim Anblick von Kampfhubschraubern, seit ich im Film »Apokalypse Now« sah, wie sie zu Wagner-Klängen vietnamesische Zivilisten niedermachten, und seit ich erlebt habe, wie sie im Schwarm über Brokdorf schwirrten, wo sie dann im Rücken der friedlichen Demonstranten

Polizisten aussetzten, die anschließend unterschiedslos auf alles eindroschen, was ihnen unter die Gummiknüppel kam.
Neugierig nähere ich mich einem Jeep, der einen eher friedlichen Eindruck macht. Darin dösen zwei schwarze GIs statt in Habtachtstellung in Gutenachtstellung vor sich hin: beide Hände im Nacken, die Schirmmütze in die Stirn geschoben, ein Bein aus dem Wagen hängend. Auf dem Rücksitz liegt ein zerknitterter »Playboy«. Vorsichtig klopfe ich auf den Kotflügel. Die beiden scheinen sich der Untätigkeit ihres Gegners sicher zu sein. Nichts rührt sich. Ich klopfe noch einmal, lauter. Behutsam fährt die Hand des einen Soldaten aus dem Nacken, legt einen Finger unter den Mützenschirm und schiebt den Kopfschutz langsam aus dem Gesicht. Zwei große dunkle Pupillen, gebettet in strahlendes Augenweiß, blicken mich böse an. »Hi«, grüße ich so locker wie ich nur irgend kann. Damit wird auch der zweite GI wach. Der Mann ist ein Riese. Mein Gott, und was für Oberarme! Die sind fast doppelt so stark wie meine Beine. »Äh . . . äh«, stottere ich. Mir ist, als hätte mir sein Anblick die ohnehin nicht gerade berühmten Englischkenntnisse mit einem Schlag aus dem Gehirn gewischt. »What are you doing here?« höre ich mich wenig diplomatisch fragen. Die beiden sehen sich an. Dann winkt mich der Kleinere mit dem Zeigefinger heran, als wolle er mir ein militärisches Geheimnis verraten, das auf keinen Fall jemand hören darf. Als mein Ohr schließlich dicht an seinem Kopf ist, trompetet er mir so laut er kann ins Ohr: »We are waiting here for the Russians!« In meinem Trommelfell tobt ein Orkan, es ist, als ob die Dampfsirene eines Hunderttausendtonners in meinem Kopf losgeheult hat. Die beiden Amis finden das witzig und biegen sich vor Lachen.

Hüben und drüben

»Ich habe Meldung zu machen, daß die blauweißen Grenzpfähle 48, 49 aus ihrer Verankerung gerissen wurden. Der Grenzpfahl 50 sitzt locker. Täter: vermutlich der Bauer Schumacher, dem das Feld gehört!« Aus dem Lautsprecher des grauen Zollbusses quäkt die Frage: »Nur vermutlich?« Die Antwort: »Ihm gehört das Feld, und es ist frisch geeggt.« Die beiden bayerischen Zollbeamten beobachten, unterstützt vom Zollhund »Gerdi«, Bauarbeiten der DDR-Grenztruppen. Hinter dem etwa dreißig Meter entfernten Drahtzaun laden Soldaten mit einem LKW-Kran Betonplatten von einem Hänger ab. Davor stehen drei Grenzaufklärer mit Schnellfeuergewehren. Links vom Hänger steht ein russischer Jeep mit Ährenkranz, Hammer und Zirkel. Durch ein Fernglas werden wir beobachtet.
Plötzlich, ich glaube meinen Augen nicht trauen zu können, kommen weit vor dem ersten Metallgitterzaun, nur wenige Schritte von den blauweißen bayerischen Grenzpfählen entfernt, drei ostdeutsche Grenzhüter mit geschulterten Spaten direkt auf uns zugestiefelt.

»Die sorgen nur dafür, daß ihre Grenzmarkierungen nicht zuwachsen«, erklärt der jüngere Zöllner, »alles zuverlässige Leute.« Je näher die Grenzsoldaten herankommen, desto unruhiger wird »Gerdi«. Auch ich bin aufgeregt. Da stolzieren drei DDR-Grenzer einfach zentimeterdicht an der Grenze zur Bundesrepublik entlang, als wäre das die natürlichste Sache der Welt. Das jahrelange Lamentieren um die »Todesgrenze«, das bürokratisch genau jede Grenzschießerei entsprechend einer unerklärten protokollarischen Pflicht in Fernseh- und Rundfunknachrichten vermerkt, während aufklärende Berichte über den Alltag im anderen Deutschland Seltenheitswert haben, zeigt Wirkung. Die Kamera im Anschlag, lauere ich auf die drei Grenzsoldaten wie ein Tierfotograf, der einen der seltenen menschenfressenden, bengalischen Tiger ablichten will, einen der gefürchteten »Men-Eater«.
»Gerdi« gewinnt dem Geschehen zwischen westlichen und östlichen Grenzmarkierungen augenscheinlich nicht derlei Dramatik ab. Er fiept, wedelt mit dem Schwanz und sieht gar nicht wie ein grimmiger Zollhund aus. Dabei trägt er wie sein Herrchen Uniform. Ein weißes Lätzchen mit schwarzer Aufschrift »Zoll« weist ihn als Amtshund aus. Aber »Gerdi« ist erst 19 Monate alt und »sieht sein junges Hundeleben noch als Spiel«, meint sein Herrchen entschuldigend. Als die Grenzer von drüben heran sind, nimmt er den Hund straffer an die Leine. Welch eine Blamage, wenn »Gerdi« jetzt ausbüchsen und mit wedelndem Schwanz zum Feind überlaufen würde.
Zwei der vorbeiziehenden DDR-Grenzsoldaten sondieren das Terrain, der dritte sticht mit dem Spaten Unkraut und Gräser im Umkreis des kleinen Grenzsteins weg. Danach gehen sie weiter, schweigend, ohne ein Grußwort an ihre westlichen Berufskollegen. Auch die bayerischen Beamten bleiben stumm. Ein einziger Sprung der drei Männer,

DDR-Grenzsoldaten ziehen zentimeterdicht an der Grenzlinie entlang und befreien die Markierungen von Unkraut.

Amerikanische GIs erhalten von einem Offizier Anschauungsunterricht über die Grenzanlagen.

höchstens einen Meter weit, würde genügen. Den bundesdeutschen Zöllnern sieht man an, daß sie die DDR-Grenzer für blöde halten, weil sie die Chance zur Flucht nicht nutzen. Ich knipse, was die Kamera hergibt. Plötzlich sieht einer der drei hoch, durch das Teleobjektiv direkt in meine Augen. Der Blick trifft. Ich fühle mich wie jemand, der im Zoo Affen fotografiert.

Ermershausen probt den Aufstand

An den Ausläufern der Rhön endet der Tourismus. Kein Schild mehr mit der Aufschrift »Zimmer frei«, kaum noch ein Dorf mit einem Gasthof. Die Berge schrumpfen zu Hügeln. Am letzten steilen Rhönberg muß ich vom Rad. Ein dreieckiges Hinweisschild kündigt 15 Prozent Steigung an. Ich keuche und stöhne vor Anstrengung, der Schweiß rinnt in dicken Strömen den Rücken hinab und sammelt sich, von der Stirn fließend, an meiner Nasenspitze, bis sich der dicke Tropfen nicht mehr hält und hinabfällt. Zu allem Überfluß muß ich noch einen Trittbrettfahrer mitnehmen – eine dicke Fliege. Während des Kampfes mit der Steigung, die anscheinend nicht enden will, sitzt der Brummer seelenruhig auf meinem Knie und putzt sich. Die Bewegungen meines Beines stören die Fliege nicht. Mich aber stört die Fliege. Aus den Augenwinkeln beobachte ich sie. Langsam werde ich ärgerlich. Meine Wut über die schweißtreibende Steigung hat ein lebendes Ziel gefunden.

Aber der dreiste Brummer scheint genau zu wissen, daß

ich beim Hinaufschieben des beladenen Fahrrades beide Hände am Lenker halten muß. Ich versuche es mit Schütteln des Knies. Die Fliege beachtet es überhaupt nicht. Na warte, denke ich, wehe dir, wenn wir oben sind. Mein Herz ist eine Mördergrube. Ängstlich schiele ich immer wieder auf mein Knie, aus Furcht, die Fliege könnte etwas von meinen mörderischen Plänen ahnen und vorzeitig die Flucht ergreifen. Etwa einen halben Kilometer keuche ich mit Fahrrad und Fliege bergauf. Dann bin ich auf der Kuppe. Jetzt bist du dran, frohlocke ich. Vorsichtig nehme ich die rechte Hand vom Lenker. Ohne hastige Bewegung drehe ich mich seitlich vom Fahrrad, um freie Bahn für die zuschlagende Hand zu haben. Klatsch! Der Schlag aufs Knie kam ansatzlos. Doch als ich die flache Hand vom Bein nehme, liegt darunter keine Fliegenleiche. Statt dessen brummt es plötzlich an meinem Ohr – meine Fliege. Erschöpft und ausgelaugt gebe ich meinen Mordplan auf.

In Sternberg finde ich endlich ein Bett, im Gasthof »Zum Bayernturm«, benannt nach einem nur ein paar Meter entfernten Aussichtsturm. Den Anfahrtsweg säumen Ferienhäuser. An den Autokennzeichen sehe ich, daß es sich um eine Berliner Kolonie handelt. Berliner auch im Gasthof. »Rat mal, was hier drin is', Babsi?« fragt ein sonnengebräunter Jüngling in Designer-Jeans seine Frau, überrascht von dem Inhalt der Musicbox. Die Antwort kriege ich nicht mehr mit: Eine alte Dame aus einer Reisegruppe aufgekratzter Rentner sperrt die Tür zum Balkon zu, auf dem ich mein Bier trinke. Ihr zieht's.

Im oberfränkischen Ermershausen gerate ich mit meinem Fahrrad in eine Geschichte à la Asterix und Obelix. Und genauso könnte sie beginnen: Wir befinden uns im Jahre 1985 nach Christus. Ganz Bayern hat Franz Josef Strauß ohne Gegenwehr in Großgemeinden aufgeteilt. Ganz Bayern? Nein. Ein von unbeugsamen Franken bevölkertes Dorf hört nicht auf, dem christlich-sozialen Landesoberen Widerstand zu leisten. Und das Leben ist nicht leicht für die bayerischen Herrscher, die in der Landeshauptstadt München, der Kreisstadt Haßberge und der Gemeinde Maroldsweisach regieren . . .

Wäre der Grenzzaun nicht undurchdringbar, ich würde mich mit meinem Fahrrad vermutlich in einem thüringischen Dorf wähnen. An einem revolutionären Feiertag. Überall hängen Transparente, am Schlachterladen, an Wohnhäusern, an einem Stall und vor allem am Rathaus.

Und neben dem behördeneigenen schwarzgelben haben die unbeugsamen Franken ihr eigenes schwarzweißes Ortsschild aufgestellt: »Ermershausen, Grabstätte der Demokratie und Freiheit. Wiege eines neuen Polizeistaates. Von der bayerischen Landesregierung verraten. Vom Landratsamt Haßberge an Maro verkauft. Von 1840 Polizisten überfallen und ausgeraubt. Wir bestehen immer noch auf das Recht nach Freiheit.«

Jahrzehntelang waren die 900 Ermershausener brave, pflichtbewußte Staatsbürger. Was die CSU anordnete, wurde gemacht. Franz Josef Strauß repräsentierte für die Dorfbewohner die Staatsautorität. »Dreschflegel und Mistgabeln«, sagt Schlachtermeister Adolf Höhn, »haben die Ermershausener zuletzt hervorgeholt, als die Schweden während des Dreißigjährigen Krieges über das Land herfielen.«

Erst die Gebietsreform verwandelte Ermershausen 1978 in »Rebellenhausen«. Die Landesregierung hatte die Zusammenschließung von bis zu zwei Dutzend Dörfern zu einer Großgemeinde noch nicht beendet, da erfuhren die überraschten Ermershausener anläßlich der Kommunalwahlen, daß sie fortan den Bürgermeister des Nachbarortes

Transparente an Ermershausener Häusern

Bürgermeister Adolf Höhn, Anführer der rebellischen Dorfbewohner. Seit 1978 lebt das Dorf im Widerstand gegen die Gemeindereform der CSU-Regierung.

Die jungen Ermershausener finden den Kampf ihrer Eltern richtig. Aber daß man ihr Dorf im ganzen Umkreis nur »Rebellenhausen« nennt, ärgert sie.

Maroldsweisach mitwählen sollten. Eingemeindung! Ermershausen als Ortsteil des verschuldeten Maroldsweisach (Dorfjargon: »Maro«).
Die Einwohner gingen auf die Palme. Schließlich gibt es in Ermershausen alle Einrichtungen der Grundversorgung, wie Schlachterladen, Bäckerei, Arztpraxis, Apotheke und Tankstelle. Die Feuerwehr besitzt sogar ein modernes Löschfahrzeug. Selbst die Finanzen stimmten. Durch eine kluge Haushaltsführung und einen gewinnbringenden Gemeindewald schrieb man in der Ortsbilanz schwarze Zahlen. Das fränkische Musterdorf pochte auf die Ausnahme der Eingemeindungs-Regel. Andernorts sei die ja oft genug gemacht worden. »Von dem, was wir hier aufgestellt haben, kann Maroldsweisach nur träumen«, sagt Gastwirt Otto Alberts vom »Goldenen Schwan«, und ärgerlich: »Weil die nicht wirtschaften können, sollen wir die Zeche bezahlen.«
Die Kommunalwahl 1978 fand ohne die protestierenden Ermershausener statt. Als ein paar Tage später Angestellte des Landratsamtes sämtliche Aktenordner aus dem Rathaus von Ermershausen abtransportieren wollten, erklärte man ihnen entschlossen, daß für sie ein Abzug unverrichteter Dinge gesünder sei. Sie zogen ab. Der Vorgang wiederholte sich, allmählich spitzte sich die Lage zu.
»Am Abend des 18. Mai lag ich im Bett und wunderte mich, daß ich auf der direkt am Schlafzimmer vorbeiführenden Bundesstraße 279 nicht ein einziges Auto hörte«, erinnert sich Gastwirt Alberts. Es war die Ruhe vor dem Sturm. Ein anderer Dorfbewohner hörte gegen 3.45 Uhr morgens vor seinem Haus Motorenlärm, sah hinaus und traute seinen Augen nicht: Zwei Männer in Uniformen beugten sich über die Motorhaube eines Militär-LKW und leuchteten mit einer Taschenlampe auf eine Straßenkarte. »Jetzt saan die Russen da!« weckte er in panischer Angst

seine Familie. Tatsächlich gehörten die »Russen« zu einer Streitmacht von 2000 Polizisten und Bundesgrenzschützern, die Ermershausen ein paar Stunden zuvor hermetisch abgeriegelt hatten. »Den Zeitpunkt ihres Überfalls baldowerten die vorher genau aus«, behauptet Adolf Höhn, »da waren die sechzig stärksten Burschen aus unserem Dorf, die Landjugend, gerade mit unserem Pfarrer in die Alpen unterwegs.«

Trotzdem kam es zu kleinen Scharmützeln um Kirche und Feuerwehrhaus, wo wachsame Ermershausener ihre schlafenden Mitstreiter per Glocke und Sirenenton aus den Federn holen wollten. Die Straußsche Kleinarmee behielt die Oberhand. Im Licht herangefahrener Scheinwerfermasten waren Möbel, Aktenordner und Büromaterial des Rathauses im Nu auf einen Lastwagen verladen. Ermershausener, die sich vor den LKW legten, wurden weggetragen. Frauen erlitten Nervenzusammenbrüche. Gestandene Männer weinten. Der nächtliche Spuk, als »Kristallnacht von Ermershausen« in die Geschichte des Dorfes eingegangen, war für das Landratsamt Haßberge nach zwei Stunden erledigt.

Am nächsten Tag schritten die Ermershausener zur Rache. »Was die Polizei kann, können wir auch«, sagten sich einige Männer, schoben ein Autowrack und einen dicken Baumstamm auf die Bundesstraße und blockierten damit die Dorfdurchfahrt. An das Autowrack hängten sie ein Transparent mit der Aufschrift »Wer Gewalt sät, wird Gewalt ernten«. Später zündeten sie das Auto sogar an. Daß es nicht erneut zum Scharmützel mit der Polizeiarmee kam, lag an der Besonnenheit der Ermershausener. Sie gaben sich mit einem kilometerlangen Stau auf der Bundesstraße zufrieden und räumten schließlich eigenhändig Baum und Wrack von der Straße.

Wer in bayerischen Amtsstuben indessen glaubte, man

hätte die Ermershausener endgültig in die Knie gezwungen, sah sich getäuscht. Adolf Höhn und mehr als ein Dutzend anderer Ermershausener traten aus der CSU aus. Als die Einwohner bis zum Bayerischen Verfassungsgericht alle Gerichte vergeblich um Hilfe gerufen hatten, wurde der Widerstand mit anderen Mitteln fortgesetzt: Die Dorfbewohner boykottierten die Viehzählung, verhinderten das Ablesen der Wasseruhren, Haus- und Grundsteuern, Wasser- und Kanalgebühren werden erst nach »letzten Mahnungen« oder der Androhung von Zwangsvollstreckung gezahlt. Das Betreten des Maroldsweisacher Rathauses versucht jeder Dorfbewohner so gut es geht zu vermeiden.
Die neuen Ortsschilder mit der verhaßten Aufschrift »Maroldsweisach – Ortsteil Ermershausen« wurden zwar pünktlich zur Eingemeindung geliefert, rosten aber auf dem Bauhof seit sieben Jahren vor sich hin. Keiner traute sich, die provokanten Ortsschilder im Rebellendorf aufzustellen. Sie würden dort auch nicht lange stehen.
Bei der letzten Landtagswahl beteiligten sich nicht einmal zehn Prozent der Dorfbewohner. Die doch wählten, zählt der füllige Schlachtermeister zu den »Sozis«, die Franz Josef Strauß' Gemeindereform unterstützen. »Aber die«, so schadenfroh der ehemalige Bürgermeister, »werden im Dorf behandelt wie räudige Hunde.«
Das Dorf blieb bis heute mit Parolen vollbehangen. »Wo Bürger zittern müssen, gibt es auch Risse in den Fundamenten des Staates«, heißt es auf einem bemalten Bettlaken. Es gehört zu den eher sanften Tönen in der Symphonie dörflicher Graffiti-Laken.
Seit man dem Dorf die Selbständigkeit nahm, sind die Bürger enger zusammengerückt. Eine Bürgergemeinschaft organisiert die dörflichen Belange. Ob Schneeräumen, Rasenmähen der Grünanlagen oder die jährliche

Feier der »Kristallnacht von Ermershausen«. Ihr Vorsitzender, Ex-Bürgermeister Höhn, wird von den Bürgern weiterhin als ihr wirklicher Bürgermeister behandelt. Wird in Ermershausen ein Vereinsgebäude eröffnet, der Startschuß für ein Sportereignis gegeben oder ein Feuerwehrfest gefeiert, der Bürgermeister aus Maro kann zu Hause bleiben, Schlachtermeister Höhn hält die obligatorische Rede.
Doch das Imperium schlägt zurück: Die Gemeindereformer geben öffentliche Aufträge kaum noch an Handwerker aus Ermershausen. Historische Gebäude läßt Maroldsweisach im aufmüpfigen Ortsteil Ermershausen langsam verkommen. Bebauungspläne werden ungewöhnlich lange bearbeitet. Der Wald, bislang ganzer Stolz des Dorfes, wird weit mehr als früher durchforstet. Es kam zu Massenanzeigen gegen die Einwohner wegen ihres Widerstandes. Ex-Bürgermeister Höhn sollte mit dem Vorwurf der Unterschlagung diskriminiert werden. Im Streit um das Heimatrecht verläuft zwischen Ermershausen und Maro längst eine unsichtbare Front. Neutralität, das höre ich im Dorf auf Schritt und Tritt, ist hier nicht gefragt. »Hältst du's mit uns oder denen?« ist die Frage.
Mit den Schikanen leisten »die Großkopferten« von Maroldsweisach und Haßfurt den Dorfbewohnern lediglich Denkhilfe. »Polizeiaktionen gegen Hausbesetzer und Kernkraftgegner betrachte ich nach unseren Erfahrungen heute auch anders«, sagt das ehemalige CSU-Mitglied Höhn: »Ich halte diese schreckliche Nacht von Ermershausen nicht für einen Einzelfall.«
Nur acht Kilometer hinter »Rebellenhausen« holt mich die bayerische Wirklichkeit in Gestalt eines baumlangen Ordnungshüters ein, der sich mühsam aus einem Polizei-Käfer herausdrückt, sich gewichtig wie ein Monumental-Denkmal vor mir aufbaut und mit ausgestrecktem Arm und

respekteinflößender Stimme zu mir sagt, als sei er der Polizeipräsident persönlich: »Grenzpolizei! Personenkontrolle!«
»Warum gerade einen Fahrradfahrer?« frage ich gereizt. Bart, Jeans und längere Haare sind hier offenbar verdächtig und heben mich aus der Menge lauterer Bürger heraus, die ebenfalls diese Landstraße befahren. »Hmmmh . . .«, macht der Ordnungshüter und gerät nach der unerwarteten Frage selbst ins Grübeln. »Ja . . .«, antwortet er dann unsicher, ». . . schließlich gibt es Hunderttausende, die von der Polizei gesucht werden, darunter auch Bigamisten und flüchtige Alimentezahler.« »Auf dem Fahrrad«, bohre ich belustigt weiter, »und hier am Ende der Welt?«
Meine Fragen haben die Wirkung einer Zauberformel. Vor meinen Augen schrumpft der Polizist, eben noch Polizeipräsident, zum stinknormalen Wachtmeister. Wieder in angestammtem Rang, besinnt er sich seines eigentlichen Anliegens: »Den Personalausweis bitte!« Mit dem grauen Büchlein, das aus einem potentiellen Bigamisten oder Alimenteschuldner in den nächsten Sekunden ein Unschuldslamm machen wird, quetscht sich der Grenzhüter wieder in seinen Volkswagen. »Ich habe hier eine Personenüberprüfung«, sagt er in den Telefonhörer. »Ausweisnummer«, verlangt eine quäkige Stimme am anderen Ende. »Haachtfünfzweizweisiebenneunver.« Danach rauscht es. »Was machen Sie eigentlich beruflich?« unterbricht der Beamte das Rauschen. »Journalist.« Ich grinse. Nervös blättert er im Ausweis. Endlich knackt es im Funkgerät. »Alles in Ordnung . . . wie erwartet«, sagt der Polizist, während er sich erneut aus der Blechbehausung zwängt. Ich bekomme meinen Ausweis zurück. »Gute Fahrt«, sagt er, und als ich schon ein paar Meter weg bin: ». . . und nichts für ungut!«

Ein kühles Bad im Lautertal

Vor ihrer Garage in Gleismuthausen schlachten mehrere Männer ein Schwein. Steif, glatt und tot liegt es auf einem Lattentisch, wie ein aufgeblasenes Marzipanschwein. Lediglich ein kleiner roter Punkt, da, wo die Kehle ist, weist darauf hin, daß noch vor wenigen Augenblicken Leben in dem Tier war. Einer besprüht das Schwein mit einem Wasserschlauch. Die beiden anderen kratzen mit scharfen Messern die letzten Borsten von der Haut. Danach wuchten sie das Tier in die Garage. Der, den sein blauweißgestreiftes Hemd und die Gummischürze als einen vom Fach ausweisen, sticht zwei große Haken durch die Vorderläufe und hängt das Schwein daran unter die Garagendecke. Mit zwei schnellen Schnitten wird das Schwein kopflos. Der nächste Schnitt trennt die Bauchhaut auf. Geschickt wikkelt sich der Messermann die schier unendlichen Gedärme um seinen Arm und läßt sie, nachdem er das Schwein entleert hat, in einen Eimer plumpsen. Jetzt halbiert er die leblose Hülle. Erst mit einem Messer, Knochenteile mit dem Beil. »Willst nich' noch zum Kesselfleisch bleiben?«

lädt mich der Messermann ein. In meinem Magen rumort es. »Nein danke«, sage ich, »ich muß weiter.«
Abends, im »Gasthaus Wacker«, sitze ich am Nebentisch eines Hamburger Ehepaares, das zur Gaudi aller Gäste von den Problemen der Hühnerhaltung in der Millionenstadt Hamburg berichtet. Die beiden hielten dort acht Hühner und einen Hahn, »ein solch hübscher Bursche«. Aber eine Nachbarsfamilie fühlte sich von der Musikalität des Gockels belästigt. Sie zogen gegen die beiden Hühnerfreunde vor Gericht. Fünfmal wurde verhandelt, sogar einen Lokaltermin am Tatort hatte es gegeben. Die beiden mußten schließlich Hahn und Hühner schlachten. »Aber die Gerichtskosten waren wenigstens niedrig. 29 Mark. Wegen des geringen Streitwertes.«
Den Besitzern des Gasthofes gehörte früher auch eine kleine Brauerei, ein winziges Familienunternehmen, wie es in Bayern Hunderte gibt. Seit sieben Monaten brauen sie nicht mehr. Mit dem Fehlen des Hinterlandes begannen nach der Teilung Deutschlands die Probleme für Wackers Pils. Die wachsende Konkurrenz der großen Brauereien machte den Hinzugewinn neuer Kunden aussichtslos. Statt dessen wurden es immer weniger. Einige Jahrzehnte hielten sich die Brauer aus Gauerstadt so über Wasser, »schließlich ham' mir halt aufgehört«, erzählt mir der Wirt.
Nur einige Kilometer weiter, im Kurort Rodach, ist an diesem Freitagmorgen schon eine Menge los. Lärmende Autos, neugierig herumstreifende Touristen, emsig fürs Wochenende einkaufende Hausfrauen, klönende Rentner. Eine Thermalquelle, die seit 1972 aus 652 Metern Tiefe 34 Grad warmes Wasser nach oben sprudelt, hat Rodach aus dem Dornröschenschlaf des »Zonenrandgebietes« wach geküßt. Drum herum entstanden seitdem Therme, Kurhotel, Waldbad.

Bayerische Landschaft bei Gleismuthausen

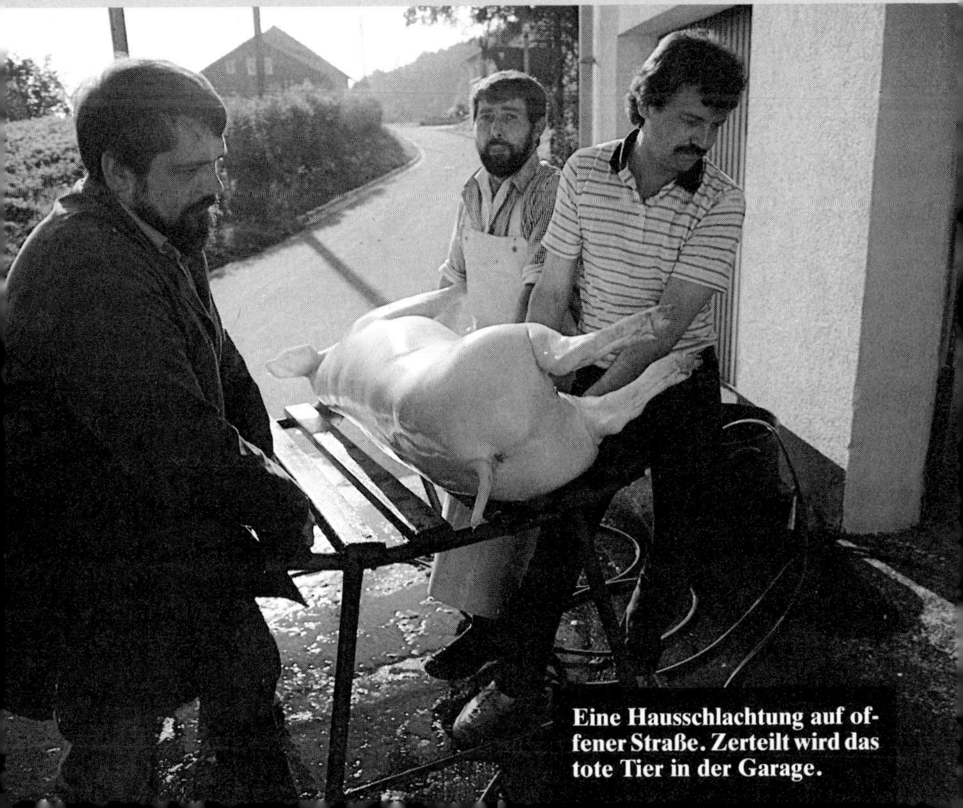

Eine Hausschlachtung auf offener Straße. Zerteilt wird das tote Tier in der Garage.

Mühsam strampele ich über die Langen Berge zum Grenzübergang Rottenbach. Von dort, geradezu eine Spazierfahrt, geht es weiter durch das idyllische Lautertal, immer an der gurgelnden, plätschernden Lauter entlang. Das Wasser übt eine eigenartige Anziehungskraft aus. Durchgeschwitzt läßt mich der Gedanke an ein kühles Bad nicht wieder los. Als der Bach eine sattgrüne Wiese durchtrennt, widerstehe ich nicht länger. Nur mit der Unterhose bekleidet steige ich über glitschige Steine vorsichtig ins Bachbett. Das Wasser ist eiskalt. Erschreckt huschen kleine Forellen davon. Langsam tauche ich ein. Der kühle Strom tut meinem ausgemergelten Körper gut. Als ich wieder draußen bin, fühle ich mich wie neugeboren.

Die letzte Etappe: der Frankenwald

Zwischen Fischbach und Höhn steigt die Straße auf einen Kilometer Länge um zehn Prozent an. Schieben. Oben, bei der »Gaststätte Martin«, wo die Bauern mittags auf ein Bier mit ihrem Traktor direkt auf die Terrasse fahren, trinke ich einen großen Radler. Es ist September, und die Schatten sind auch mittags schon lang. Keine Wolke stört die Unendlichkeit des blauen Himmels. Die Strahlen der Sonne, die tief am Horizont steht, sind so golden gefärbt, wie man es sonst nur vom Abendlicht kennt.

Im »Don Quichotte« in Rothenbach spielen heut abend die »Sweet«. Ihre Hits wie »Ballroom Blitz« oder »Teenage Rampage« haben mir in ersten Discothekennächten und auf Klassenfeten eingeheizt. Ein Nostalgieabend scheint mir neun Mark Eintritt wert. Schon lange vor Beginn ist der zweigeschossige Laden rammelvoll. Inmitten der Teens komme ich mir mit 35 wie ein Greis vor. Die Dorfjugend präsentiert sich in gängiger Mode, die Hosen der Mädchen enden zwanzig Zentimeter über den Schuhen, als wären sie zu heiß gewaschen worden. Auch ein Rocker, von der Ober-Rodacher Gang »Bronx«, wartet auf die »Sweet«. Deren Zeichen auf der Jeans-Weste ist ein Schwert, das einen Flügel durchbohrt. Ein anderer Aufnäher läßt in mir Wut aufsteigen: Ein blondes, schmächtiges Bürschchen hat auf seine grünschillernde Fliegerjacke eine bundesdeutsche Fahne aufgenäht, darauf der Schriftzug: »Deutschland uns Deutschen«.

Plötzlich bricht der gleichförmige Discosound ab, das Licht geht aus. Und dann stehen sie plötzlich da, von hellen Spots gnadenlos angestrahlt. Eine Altherrentruppe, alle so um die Vierzig, hineingezwängt in hautenge Hosen, mimt hier die Hartrockband. Was an Tönen aus den Lautsprechern kommt, erinnert an die ersten Versuche unserer Schulband. Zwei, drei Griffe auf der Gitarre, ein einfacher Takt auf dem Schlagzeug und immer die gleichen zwei, drei Griffe auf dem Baß, alles katastrophal gemixt, mit einem Schlagzeug, das viele Male lauter ist als der Gesang. Soviel bekomme ich davon doch noch mit: Brian Connoly, einst der gefeierte Lead-Sänger, kann kaum noch einen Ton richtig halten. Sein Gesang klingt wie das monotone Kratzen von übereinandergeriebenem Sandpapier. Die Jugend von Rothenbach scheint von all dem nichts zu merken. Enthusiastisch bringen sie den »Sweet«-Opas Ovationen. In Hamburg würde man solchen Dilettantismus vermutlich mit Pfeifkonzert und Wurfgeschossen quittieren. Doch hier, in kultureller Provinz, gilt selbst diese Tingeltangeltruppe schon als Supergroup. Enttäuscht verlasse ich das »Don Quichotte« nach den ersten drei Songs.

Auf dem langen Gang, der zu den Gästezimmern meiner Rothenbacher Unterkunft führt, hängt in einem Rahmen das Gedicht eines Gastes:

»Und wieder, und wieder – hier zieht es mich hin/zur furchtbarsten Grenze – die so ganz ohne Sinn/Natur und Menschen, sie gehören vereint/Unzählbar die Tränen, die des-

halb geweint/Schon oft hier am Zaun, da stand ich und starrte/in Welitsch, in Tettau und noch auf der Warte/das – was hier trennt – wurd' von Menschen erdacht/Gedanken der Teufel – einer teuflischen Macht/Ein eisiger Himmel, der weit übers Land/das Sehnen der Menschen nach Glück hier verband/jetzt Stacheldraht, Willkür, unmenschliche Not/ – und viele starben – Erlösung durch Tod!/Nur Glauben, der Glauben an göttliche Werte/So wie Vater und Mutter einst uns ihn bescherte/das hilft, schenkt Vertrauen, unser Herrgott wird geben/ein neuer Tag kommt – mit friedlichen Menschen – und ein glückliches Leben!«

Ehe ich in Priwall startete, galt meine größte Angst den Harzbergen. Dabei waren die kaum ein Problem. Die Höhen des Frankenwaldes aber sind eines, sie sind die mörderischsten Etappen meiner »Tour der Leiden«, wie ich meine Radtour in Anlehnung an die Tour de France längst nenne. Das ständige Rauf und Runter verschleißt meine Kniegelenke. Sie sind kraftlos wie überdehnte Gummibänder. Dazu schmerzen meine Handgelenke. Habe ich eine Höhe per pedes erklommen (hundertmal gehörter Kommentar: »Wer sein Fahrrad liebt, der schiebt!« Immer gleiche Antwort: »Haha!«), bin ich am ganzen Körper naßgeschwitzt. Nach der rasenden Fahrt bergab ist alles wieder trocken. Dabei kann ich mich über die Raserei bergab gar nicht richtig freuen. Bevor ich unten bin, hab' ich nämlich den nächsten schweißtreibenden Aufstieg vor Augen. So geht das durch den Frankenwald mehrere Tage lang.

Kaum noch nehme ich auf, was um mich herum geschieht. Ich bin überladen von Eindrücken, ein vollgepackter Koffer, in den nicht einmal mehr ein Paar Socken hineinpaßt. Ich bin satt von dieser Grenze. Satt von den eher mißtrauischen als neugierigen Blicken der Bewohner, satt vom Zaun, den Warnschildern und satt von den immer gleichen

Blick vom »Bayernturm« über das fränkische Grenzland

Fragen der Grenztouristen, die spannerhaft mit ihren Ferngläsern nach drüben plieren: »Ist das nicht furchtbar?«

Mein Interesse gilt nur noch dem Tachometer, der Karte und der Uhrzeit. Ununterbrochen überschlage ich im Kopf meinen Stundenschnitt. Dann rechne ich aus, wie weit ich an diesem Tag wohl noch kommen werde. Ich keuche und rackere mir die Lunge aus dem Hals, um nicht weniger als zehn Kilometer pro Stunde zu schaffen. Ununterbrochen bergauf, bergab ist das eine stolze Leistung. Mein Blick richtet sich fast nur noch auf den Asphalt. Alle paar Minuten wische ich mir mit dem Hemdsärmel den Schweiß von der Stirn.

Es war wie auf den letzten hundert Kilometern, als ich vor einigen Jahren mit einem 38-Tonnen-Sattelzug auf dem Landweg aus dem kriegführenden Irak zurückkam, krank, genervt, kaputt. Während der ganzen Fahrt hatte ich mit dem Fahrer Jürgen gewitzelt, gesungen, diskutiert. Nun erstarb jedes Gespräch schon im Ansatz. Wie angeschossene Tiere schleppten wir uns vorwärts. Das rhythmische Nicken der Fahrerkabine auf den Nahtstellen des Asphaltes war unser Metronom. Es gab unerbittlich den Takt an, hämmerte sich in unsere Gehirne: »Weiter, weiter, weiter . . .« Ich saß auf dem gefederten Beifahrersitz und ließ mich durchschütteln. Ein lebloses Bündel Fleisch, dessen Muskeln dem Auf und Ab durch die Schlaglöcher der jugoslawischen »Autoput« keine Anspannung mehr entgegensetzen konnte. Jürgen fuhr nun schneller und länger als erlaubt. Bloß nach Hause. Wälder, Wiesen und Städte zogen hinter den verdreckten Seitenscheiben wie im Traum an uns vorbei. Wir bekamen kaum noch etwas davon mit. Die letzten Kilometer auf der Autobahn, als es im Stau zurückkehrender Urlauber nur schleppend vorwärtsging, bereiteten uns fast körperliche Schmerzen.

Den ganzen Tag habe ich keinen Schluck getrunken. Dabei muß ich literweise Flüssigkeit verloren haben. Die Zunge klebt am Gaumen wie ein trockenes Stück Brot. Beim Vorbeifahren an Bierreklameschildern bekomme ich wilde Wunschphantasien. Ich sehne mich in eine Badewanne voll schäumendem Bier. Doch auch bei derartigen Traumbildern läuft mir im Mund kein Wasser zusammen. Meine Mundhöhle ist eine Wüste, in der es schon seit Jahren nicht mehr geregnet hat.
Der Wirt in Regnitzlosau, vier Kilometer vor meinem anvisierten Ziel, sieht mich groß an, als ich mit hochrotem Kopf und durchgeschwitzt bei ihm in die leere Gaststube hereinschneie. Sofort bestelle ich ein Radlermaß. Gierig starre ich auf seine Hände. Beeilung, spüre ich meinen Blick sagen. Glücklicherweise können nur wenige Bayern richtig zapfen. Wie Milch läßt er erst Brause, dann Bier in mein Glas pladdern. Es dauert gerade eine halbe Minute, dann steht mein Radler vor mir. Ich stürze es in einem Zug herunter.
Als ich mir den Schaum vom Mund gewischt habe, frage ich den Wirt nach der Entfernung und den Weg bis Unterprix. »Dort ist doch die DDR-Grenze zu Ende, oder?« – »Wollen 'S da zu Fuß nunter?« – »Mit dem Fahrrad.« Die Geschichte interessiert ihn, ich sehe es in seinem Gesicht arbeiten. »Und wo kommen 'S her?« Ich beschreibe ihm meine Reiseroute. »Donnerwetter«, staunt er, »sind 'S auf Studienreise?« Dieser Wirt ist eine Wohltat. Endlich mal ein neugieriger Mensch. Nicht, daß ich unbedingt meine Geschichte loswerden will, aber gegenüber Desinteresse, Mißtrauen und Argwohn, die mir im Grenzland so oft begegneten, ist es ein Genuß, einen solchen Menschen vor sich zu haben.
Ich habe es nicht mehr weit. Nur drei Kilometer. Ohne Gepäck und kurz vor dem Ziel trete ich wie beflügelt in die

Pedale. Meine Satteltaschen habe ich beim Wirt vom »Grünen Baum« gelassen. Vergessen sind die schmerzenden Handgelenke, die ausgeleierten Knie, die verkrampften Waden. Das »Dreiländereck« ist ausgeschildert. Eine letzte holprige Abfahrt auf einem schmalen Wandersteig, dann rolle ich bis vor das Soldatengrab, von dem der Wirt erzählte. Vor dunklen Bäumen steht im Grün von Farnen ein Birkenkreuz. Auf dem senkrechten Pfahl des Kreuzes thront ein Stahlhelm. Ein Blechschild mit stilisiertem Eichenlaub und Eisernem Kreuz sagt: »Juli 1945 – Hier ruht ein unbekannter deutscher Soldat.«
Zurück im »Grünen Baum«, steige ich unter die Etagendusche, lasse das Wasser so heiß es geht über meinen Körper laufen. Beim zweiten Radler setzt sich der Wirt zu mir an den Tisch. Er kommt eigentlich aus dem Schwarzwald, ist als Koch zum Bundesgrenzschutz gegangen und dann wegen seiner Frau hier hängengeblieben, obwohl es ihm »im Schwarzwald eigentlich viel besser gefiel«. Sein Weggang muß für die Gaumen der Bundesgrenzschützer ein herber Verlust gewesen sein. Ich lobe ihn für eine wirklich ausgezeichnete Gulaschsuppe. »Im Buch erwähnen«, witzelt er. Wirt Engesser und seine Frau bemuttern mich rührend. Sie erkundigen sich für mich nach dem ersten Zug, der am nächsten Tag in Richtung Hamburg fährt, und lassen es sich nicht ausreden, mich und mein Fahrrad mit ihrem Auto nach Hof zu bringen. Zum Abschied drückt mir Günther Engesser einen Kalender in die Hand. Im Zug ziehe ich ihn aus der Tasche. Auf der Rückseite stehen »wichtige Telefonnummern«. Hinter den Telefonnummern von Michail Gorbatschow, Ronald Reagan, Elisabeth II., Johannes Paul II., Dr. Fred Sinowatz, François Mitterrand und Helmut Kohl steht ganz unbescheiden die meines freundlichen Wirtes.

Ein Blick zurück

Im Intercity komme ich endlich wieder zur Besinnung und zum Nachdenken. Hat sich nach 1634 Kilometern Fahrt durchs Grenzland eigentlich etwas in meiner Haltung zur Grenze geändert? Ich habe keine Verwandten drüben und kenne Deutschland seit meiner Geburt als geteiltes Land – Deutschland und die Ostzone. Später dann, als ich selber denken konnte, wurden daraus BRD und DDR. Mir hat die Teilung des Landes und die undurchdringbare Grenze persönlich niemals Kummer bereitet. Als ich alt genug war, die Welt zu erkunden, konnte man bereits mit einem Touristenvisum alle Teile der DDR bereisen, unabhängig davon, ob man drüben Verwandte hatte oder nicht, sogar per Zelt. Nur einmal, ich verliebte mich in Dresden, gab es Probleme wegen der Grenze. Wir wollten einander nah sein, nicht nur auf begrenzten Urlaubsbesuchen, die ich nach Dresden oder Ost-Berlin unternahm, wo wir uns dann trafen. Aber dieser Wunsch war mit einer schwerwiegenden Entscheidung verbunden: Ich mußte mich für die DDR oder sie sich für die BRD entscheiden. In jedem Fall

hätte es für einen von uns erhebliche Konsequenzen bedeutet. Daran scheiterte es schließlich.
Bis auf dieses eine Mal kam mir die Grenze zur DDR nicht als Schmerzgrenze vor. Sie war mir mehr oder weniger egal. Ich brauchte sie nicht einmal, um wie viele andere daran meinen Antikommunismus auszutoben. Was die Schuld an diesem Schmiß im Gesicht Deutschlands betraf, da hielt ich es mit dem ehemaligen Bundespräsidenten Gustav Heinemann, der vor allem Konrad Adenauer als den Erbauer des Grenzbollwerkes sah, mit seinen Alleingängen bei der Geldentwertung und der Währungsreform und mit der Installierung einer voll im westatlantischen Bündnis integrierten Armee. Aber über die Vorgeschichte der Grenzziehung, darüber las ich auf keinem der Emailleschilder etwas, die am gesamten Grenzverlauf die Teilung Deutschlands beklagen.
Echten Trennungsschmerz, darauf traf ich unterwegs nur bei wenigen Leuten, ausnahmslos Bewohner des Grenzlandes, die durch die Grenze von ihren wirklichen Brüdern und Schwestern in einem Grenzdorf hinterm Zaun getrennt wurden. Aber diese echte Betroffenheit wird immer seltener, stirbt doch die Generation, die drüben noch Verwandte ersten Grades hat, allmählich aus.
Und die Nase rümpfen über die Unfreiheit hinterm Zaun? Nicht einmal das könnte ich reinen Gewissens. Hier, in diesem unserem Lande, wo Freiheit ein von Wahlkampfreden und Talkshowgeplapper der Politiker arg strapaziertes Wort ist, das ich ebensowenig ernst nehme wie die Beteuerung einer Prostituierten, sie mache mit ihrem Freier Liebe, sollte man mit diesem Wort vorsichtiger umgehen. Jedenfalls kann ich die DDR nicht schon allein deshalb pauschal für unfrei erklären, weil sie ihre Grenzen mit allen – auch tödlichen Mitteln – schließt. Ebensowenig würde ich der Bundesrepublik den Persilschein eines frei-

heitlichen Systems allein deshalb ausstellen, weil man als Bundesbürger in die ganze Welt reisen kann. Dazu gehört wesentlich mehr.

Nein, an meiner Einstellung zur Grenze hat sich durch sechswöchige Hautnähe nichts Wesentliches geändert. Aber ich habe die Bundesrepublik erlebt, wie ich sie schöner, entlegener, verschlafener und natürlicher nirgendwo gesehen habe. Manchmal war die Fahrt am deutschen Zaun entlang wie eine Zeitreise durch die Geschichte der Bundesrepublik. Vielerorts war die Entwicklung im Grenzland irgendwann einfach stehengeblieben. Mal in den Fünfzigern, mal in den Sechzigern, mal in den Siebzigern. Die Menschen hat das Leben am Rand der Nation verbittert. Mißtrauisch, mürrisch und wortkarg waren sie die eigentlich enttäuschende Überraschung meiner Reise – selbstverständlich nicht alle. Trotzdem: Es ist eine Reise wert, dieses Land am Zaun, das von seinen Bewohnern derb-liebevoll der »Arsch der Nation« genannt wird.

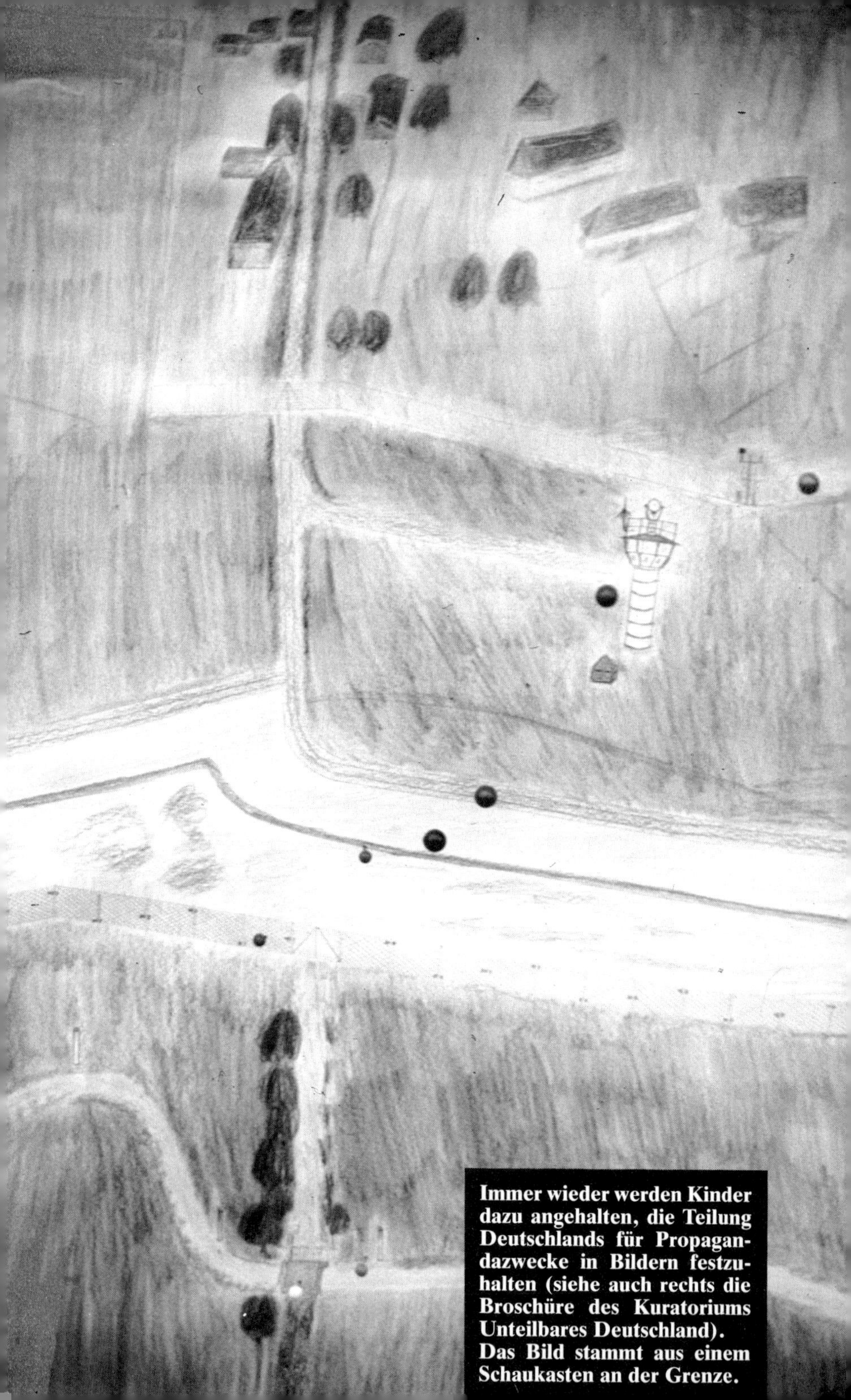

Immer wieder werden Kinder dazu angehalten, die Teilung Deutschlands für Propagandazwecke in Bildern festzuhalten (siehe auch rechts die Broschüre des Kuratoriums Unteilbares Deutschland). Das Bild stammt aus einem Schaukasten an der Grenze.

Anhang

Die folgenden Ereignisse haben auf das Verhältnis der beiden deutschen Staaten zueinander eingewirkt und damit auch entscheidend den Charakter der deutsch-deutschen Grenze bestimmt.

12. September 1944

Vor dem Hintergrund der sich abzeichnenden Niederlage der Hitlerarmee teilen die Alliierten das Deutsche Reich auf und legen diesen Beschluß im sogenannten »Londoner Protokoll« fest. Bei der Grenzziehung zwischen den Westzonen und der Ostzone hielt man sich weitgehend an die alten westlichen Ländergrenzen von Mecklenburg, Brandenburg, Thüringen und Sachsen.

4. bis 11. Februar 1945

Während der Konferenz von Jalta genehmigen Roosevelt, Stalin und Churchill das »Londoner Protokoll«.

17. Juli bis 2. August 1945
Die Staatschefs der Siegermächte einigen sich auf der Potsdamer Konferenz darauf, die Aufteilung Deutschlands nach dem Kriege einem Friedensvertrag vorzubehalten.

30. Juni 1946
Die sowjetische Militärführung verlangt die Sperrung der Demarkationslinie an der Grenze zwischen Ostzone und Westzone.

26. März 1948
Die Landtage von Mecklenburg, Sachsen-Anhalt und Thüringen fordern ihre Landesregierungen auf, den »Schutz der Zonengrenze« zu verstärken.

21. Juni 1948
In den Westzonen wird einseitig eine Währungsreform durchgeführt.

24. Juni 1948
Die Ostzone reagiert mit der Schließung der Eisenbahnstrecke Berlin–Helmstedt »wegen technischer Schwierigkeiten«. Es ist der Beginn der Berliner Blockade.

12. Mai 1949
Die etwa einjährige Blockade Berlins endet. Während dieser Zeit wurde die Stadt über eine Luftbrücke versorgt.

23. Mai 1949
Das Grundgesetz der Bundesrepublik tritt in Kraft. Trotz der einseitigen Staatsgründung fordern die Bundestagsabgeordneten in der Präambel das deutsche Volk auf, »in freier Selbstbestimmung die Einheit und Freiheit Deutschlands zu vollenden«.

7. Oktober 1949
Die Deutsche Demokratische Republik wird gegründet.

20. September 1951
Im Währungsverkehr zwischen der DDR und der BRD tritt das »Abkommen über den Handel zwischen den Währungsgebieten der Deutschen Mark (DM-West) und den Währungsgebieten der Deutschen Mark der Deutschen Notenbank (DM-Ost)« in Kraft.

10. März 1952
Die Westmächte lehnen den sowjetischen Vorschlag eines Friedensvertrages mit einem wiedervereinigten Deutschland ab. Sie fürchten die Ausweitung des sowjetischen Einflußbereiches.

26. Mai 1952
Der DDR-Ministerrat ordnet die völlige Abriegelung der Demarkationslinie an.

16. und 17. Juni 1953
In der DDR kommt es zu Protesten und Demonstrationen unzufriedener Arbeiter, ausgelöst durch Normenerhöhungen. Der tatsächlich vorhandene Unmut über Entwicklungen in der DDR wird noch von westlicher Seite geschürt, der ein »Volksaufstand« in der DDR gut ins politische Konzept paßt.

9. Mai 1955
Die Bundesrepublik tritt dem Nordatlantikpakt bei.

14. Mai 1955
Die DDR gehört zu den Gründungsmitgliedern des Warschauer Paktes.

ZARAH
wir vergessen
Dich nie
DIE
IM WESTEN

Ein anderes Kapitel – die Mauer in Berlin

10. Dezember 1955
Von der DDR wird die Zonengrenze zur Staatsgrenze erklärt. Deren Bewachung übernimmt fortan das eigene Militär der Sowjets.

13. August 1961
Um den Flüchtlingsstrom zu stoppen, bauen Pioniere der Nationalen Volksarmee quer durch Berlin eine Mauer.

10. September 1964
Rentner aus der DDR dürfen fortan zu Besuch in die Bundesrepublik reisen.

11. Juni 1968
Die DDR führt den Paß- und Visumzwang ein.

1971
Ausbau der DDR-Grenze mit den Selbstschußanlagen SM 70.

3. September 1971
Das Viermächteabkommen bestätigt die Aufrechterhaltung der Bindungen zwischen West-Berlin und der BRD und garantiert die Sicherheit der Zufahrtswege.

17. Dezember 1971
Das Transitabkommen wird unterzeichnet. Es sieht eine pauschale Abgeltung der Gebühren im Berlin-Verkehr durch die Bundesrepublik vor.

26. Mai 1972
Im Verkehrsvertrag wird die Abwicklung des Verkehrs auf Straße, Schiene und Wasser im jeweils anderen Staat geregelt.

Kinderzeichnung aus der Broschüre »Wir gehören zusammen« vom Kuratorium Unteilbares Deutschland

17. Oktober 1972
Die DDR gestattet auch Nichtrentnern in »dringenden Familienangelegenheiten« die Reise in die Bundesrepublik.

21. Juni 1973
Der Grundlagenvertrag zwischen der BRD und der DDR tritt in Kraft. Auf dessen Grundlage dürfen die Bewohner aus grenznahen Kreisen der BRD Tagesreisen in grenznahe Kreise der DDR unternehmen.

18. September 1973
Die Bundesrepublik Deutschland und die Deutsche Demokratische Republik werden Mitglieder der Vereinten Nationen.

2. Mai 1974
Die BRD und die DDR richten in Bonn und Ost-Berlin Ständige Vertretungen ein.

27. September 1974
Die DDR entfernt aus ihrer Verfassung alle Hinweise auf die »deutsche Nation« und Deutschland als Ganzes.

29. November 1978
Die BRD und die DDR unterzeichnen ein Protokoll über die Überprüfung, Erneuerung und Ergänzung der Markierung der deutsch-deutschen Grenze. Daraufhin kommt es zu zahlreichen Korrekturen des Grenzverlaufs.

13. Oktober 1980
Erich Honecker fordert in der »Geraer Rede« die Anerkennung der DDR-Staatsbürgerschaft, die Umwandlung der Ständigen Vertretungen in Botschaften, eine endgülti-

ge Regelung an der Elbe, die »Unterbindung des Mißbrauchs des Transitabkommens« und die Auflösung der »Zentralen Erfassungsstelle in Salzgitter«.

1. Mai 1982
Die DDR legalisiert im »Gesetz über die Staatsgrenze der Deutschen Demokratischen Republik« den Waffeneinsatz gegen »Grenzverletzer«.

27. September 1983
Die DDR erläßt eine Verordnung über Familienzusammenführung und Eheschließung zwischen »Bürgern der DDR und Ausländern«.

Oktober 1985
Nach dem Abbau aller Selbstschußanlagen im Jahre 1984 beseitigen Pioniere der Grenztruppen auch die letzten Minen an der Grenze.

240 Seiten, gebunden mit Schutzumschlag